웹디자이너를 위한 SASS

SASS FOR WEB DESIGNERS
By A Book Apart
Copyright © 2014 Dan Cederholm
Korean Translation Edition © 2019 Webactually Korea, Inc.
All rights reserved.

이 책의 한국어판 저작권은 저작권자와의 독점 계약으로 웹액츄얼리코리아㈜에 있습니다.
저작권법에 의해 한국 내에서 보호를 받는 저작물이므로 무단전재와 복사·복제를 금합니다.
이 책 내용의 전부 또는 일부를 사용하려면 반드시 저작권자와 웹액츄얼리코리아의 서면 동의를 받아야 합니다.

댄 시더홈

웹디자이너를 위한
SASS 개정판
SASS FOR WEB DESIGNERS

A BOOK APART | webactually

[개정판]
웹디자이너를 위한
SASS

초판 발행 2014년 8월 4일
개정판 발행 2019년 11월 19일

지은이 댄 시더홈
옮긴이 윤원진
펴낸이 오상준

편집 이윤지
디자인 Moon & Park

펴낸곳 웹액츄얼리코리아(주)
출판등록 제2014-000175호
주소 서울시 강남구 논현로 132길 31 EZRA빌딩 4층
전화 (02)542-0411
팩스 (02)541-0414
이메일 books@webactually.com

매거진 웹사이트 www.webactually.com
북스 웹사이트 books.webactually.com
페이스북 facebook.com/webactually
트위터 @webactually

ISBN 979-11-85885-21-6 93000

※ 잘못되거나 파손된 책은 구입하신 곳에서 교환해드립니다.
※ 정가는 뒤표지에 있습니다.

※ 이 도서의 국립중앙도서관 출판예정도서목록(CIP)은 서지정보유통지원시스템 홈페이지
(http://seoji.nl.go.kr)와 국가자료공동목록시스템(http://www.nl.go.kr/kolisnet)에서
이용하실 수 있습니다. (CIP제어번호 CIP2019040033)

한국어판 출간에 앞서

《웹디자이너를 위한 SASS》를 한국에서 출간하게 되어 기쁩니다. 솔직히 CSS는 어렵습니다. 지금 작성하고 있는 스타일시트는 예전 보다 더 복잡합니다. 우리는 그 명세서를 작업에 필요한 만큼 가능한 한 많이 변경하고 있습니다. 댄 시더홈은 Sass로 전향하는 데 열성적이지 않았지만 인기 있는 CSS 전처리기로 돌아온 이야기를 나누고(항상 해 오던 방식대로 일하면서) 스타일시트를 잘 다룰 수 있는 명쾌한 방법을 제시합니다.

제프리 젤드먼, 댄 시더홈

추천의 글

컴퓨터 언어의 진화과정을 되돌아보면 대략 12년마다 새로운 추상화abstraction[1] 계층이 나오는 듯합니다. '1과 0'에서 어셈블리어로 상향 조정되면서 컴파일 언어로 레벨이 높아졌습니다. 이 컴파일 언어는 진화했고 우리는 이것으로 웹 브라우저를 만들었습니다. 웹 브라우저는 HTML, CSS, 자바스크립트 같은 언어를 해석합니다. 이제 우리는 한 단계 더 올라갈 준비가 되었습니다.

HTML, CSS, 자바스크립트는 지금까지 엄청난 성공을 거둔 언어이며 전례 없는 방식으로 웹을 발전시켰습니다. 현재 우리는 더 크고 복잡한 웹사이트를 만들고 있습니다. 정말 멋진 일입니다. 하지만 다시 다음 단계로 도약해야 할 시점에 이르렀습니다. 이때 관리와 유지보수가 가능한 것을 만들어야 합니다. 이는 추상화로 가능합니다.

CSS에 추상화가 가장 절실히 필요합니다. 오늘날 HTML은 흔히 백엔드 코드와 템플릿으로 만들어지고 거기에는 우리가 필요한 추상화가 적용되어 있습니다. 프로그래밍 언어인 자바스크립트에는 이미 추상화 기능이 내장된 도구가 있습니다. 하지만 CSS에는 추상화 개념이 없고 코드의 반복만 있습니다. 이런 이유로 CSS가 널리 채택되고 사용되었지만 관리하기가 어려워졌습니다. 이제 CSS를 한 단계 높일 차례입니다!

---

[1] 객체와 프로시저의 공통 특질을 골라내는 과정. 소프트웨어공학에서 가장 중요한 기법 중 하나로 두 개의 다른 기법인 캡슐화, 데이터 은폐와 밀접한 관련이 있다. 이 세 가지 기법은 복잡성을 줄이기 위해 사용한다.

이 책에서 댄 시더홈이 알려줄 Sass는 우리가 필요해 하는 추상화 도구를 모두 갖고 있습니다. 반복되는 값은 변수가 되고 반복되는 스타일 구문은 확장됩니다. 복잡한 규칙 집합ruleset과 장황하게 쓰인 브라우저 개발사 접두어vendor-prefixed는 믹스인mixin이 됩니다. 그래서 CSS 코드의 규모가 커지더라도 수월하게 관리하고 유지보수 할 수 있습니다.

Sass로 옮겨가는 과정이 쉽지 않은 이들이 있습니다. 댄도 그 사실을 너무나 잘 알고 있습니다. 제가 div를 알기 전부터 댄은 CSS를 구현하는 일을 해왔고 이것을 전 세계에 널리 알려왔습니다. 하지만 그는 CSS 전문가일 뿐 아니라 웹 분야의 장인이기도 합니다. 숙련된 목공이 자신의 끌이 무뎌진 때를 알듯이 댄은 요즘 CSS를 직접 작성해서 일하는 것이 끌이 무뎌진 때와 같다는 사실을 알고 있습니다. 물론 여러분이 직접 CSS를 작성하고 싶다면 그렇게 해도 좋습니다. 다만 그 선택의 책임은 여러분에게 있습니다.

이 책을 다 읽고 Sass를 첫 프로젝트에 실제로 적용한 뒤 완료할 때쯤이면 여러분은 Sass의 가장 중요하고 진정한 가치가 담긴 부분의 95퍼센트를 통달하게 될 것입니다. 댄을 안내자로 삼는다면 Sass는 여러분의 업무를 더 어렵게 하는 것이 아니라 오히려 더 쉽게 한다는 사실을 알게 될 것입니다.

크리스 코이어(《워드프로세스 제대로 파기》의 공저자)

일러두기
- 이 책의 주석은 모두 옮긴이 주다.
- 연결이 안 되는 URL은 삭제하거나 단축 주소를 새로 만들었다.
- 이 책은 Sass 3.2.10 버전을 기준으로 쓰였다.
- 운영체제 Windows는 마이크로소프트에서 고유명사로 사용하는 윈도우로 표기했다.

차례

5 | 한국어판 출간에 앞서
6 | 추천의 글

11 | chapter 1
왜 SASS인가?

25 | chapter 2
SASS 워크플로

41 | chapter 3
SASS 사용하기

87 | chapter 4
SASS와 미디어 쿼리

112 | 감사의 글
113 | 옮긴이의 글
114 | 감수자의 글
115 | 참고 자료
119 | 참고 URL
121 | 찾아보기

1

왜 SASS인가?

나는 Sass의 열렬한 신자는 아니었다.

'내 손으로 직접 스타일시트를 작성하면 되지! 도움은 필요 없어! 왜 새로운 작업을 추가하여 일을 더 복잡하게 만들어? 필요 없어!'

단지 이런 생각뿐이었다. 하지만 Sass(그리고 다른 CSS 전처리기^{CSS preprocessor}[1])는 든든한 협력자가 될 수 있다. 스타일 작성자라면 누구나 작업과정에 쉽게 끼워 넣을 수 있는 도구가 될 수 있기 때문이다. 생각을 바꾸는 데 시간이 걸리기는 했지만 이렇게 변화할 수 있어서 정말 기쁘다.

---

1 Sass, LESS, Stylus와 같은 전처리기 언어로 작성된 코드를 일반적으로 사용하는 CSS 코드로 변환해주는 프로그램이다.

그래서 이 책을 쓰고 싶었다. 지난 10여 년간 능숙해진 CSS 작업 과정을 유지하면서도 Sass를 이용하여 어떻게 일을 더 효율적으로 할 수 있었는지 여러분과 나누고자 한다. Sass에 대해 오해를 많이 했기 때문에 처음에는 시도조차 하지 않았다. 스타일시트를 작성하고 관리해온 방식을 완전히 바꾸어야 하는 것은 아닌지 걱정이 앞섰다. 가끔 CSS가 웹 브라우저에서 깨져 보일 수 있기 때문에 CSS 작성자가 자신의 작업방식을 고수하려는 것도 이해가 된다.

동의하는가?

으흠!

Sass가 어떻게 여러분의 프로세스와 워크플로를 방해하지 않는지, 어떻게 여러분의 삶을 더 편안하게 할 수 있는지 보여줄 것이다. Sass를 어떻게 설치하고 어떻게 사용하며 프로젝트에서 어떻게 도움이 되는지 등 Sass의 여러 측면을 설명하겠다. 운이 좋다면 여러분도 Sass 신자로 만들 수도 있을 것이다.

SASS 엘리베이터 피치[2]

스타일시트에서 색상을 바꿔야 한다고 했을 때 그 값을 일일이 찾아서 바꿔야 한다면? CSS에서 다음과 같이 처리했으면 하고 바라지 않았을까?

```
$brand-color: #fc3;

a {
  color: $brand-color;
```

---

2 엘리베이터를 타고 가는 짧은 시간에 내용이나 아이디어를 간단하고 빠르게 전달한다는 뜻이다.

```
    }
    nav {
      background-color: $brand-color;
    }
```

한 곳만 값을 변경하고 그 값이 모든 스타일시트에 반영된다면 어떨까? Sass로 그렇게 할 수 있다!

스타일시트 여기저기에서 반복되는 스타일 블록들은 어떨까?

```
    p {
      margin-bottom: 20px;
      font-size: 14px;
      line-height: 1.5;
    }
    footer {
      margin-bottom: 20px;
      font-size: 14px;
      line-height: 1.5;
    }
```

반복되는 이런 규칙을 다시 사용할 수 있는 블록으로 감싸주면 멋지지 않을까? 다시 말하지만 여러분은 규칙을 단 한 번만 정의하고 필요한 곳마다 넣으면 된다.

```
    @mixin default-type {
      margin-bottom: 20px;
      font-size: 14px;
      line-height: 1.5;
    }

    p {
```

```
  @include default-type;
}
footer {
  @include default-type;
}
```

이 역시 Sass다! 앞에서 살펴본 간단한 두 개의 예제는 Sass가 스타일시트를 얼마나 쉽고 빠르고 융통성 있게 작성해주는지 살짝 맛본 것에 불과하다. Sass는 웹디자인 세계에서 환영받는 언어다. 웹사이트를 만들어본 사람이라면 누구나 알 것이다.

CSS는 어렵다

솔직히 CSS를 배우는 것은 쉽지 않다. 각 속성이 무엇을 하고, 캐스케이드[cascade][3]는 어떻게 적용되고, 어떤 브라우저가 무엇을 지원하고, 선택자, 쿼크 모드 등을 이해하기란 쉽지 않다. 지금 우리는 CSS에 복잡한 인터페이스를 추가하고, 거기에 맞추어 유지보수를 하고……. 잠깐, 왜 작업을 반복해야 하는가? 이는 퍼즐 놀이이고 일부는 최종 완성을 즐기기도 한다.

CSS의 문제점 중 하나는 CSS가 오늘날 우리가 작업하고 있는 것을 목표로 해서 처음부터 설계되지 않았다는 것이다. 브라우저의 혁신, CSS3와 그다음 버전의 구현이 빠르게 진행된 덕분에 CSS는 이에 발맞추어 빠르게 진보하고 있다. 하지만 사실상 핵[hack]이라는 기술에 여전히 의존할 수밖에 없다. 예를 들어 `float` 속성은 텍스트 블록 안에서 단순히 이미지를 정렬하려고 설계되었다. 그뿐이다.

---

[3] CSS 선언의 충돌을 피하기 위해 정해놓은 우선순위를 말한다.

그런데도 우리는 모든 인터페이스를 웹 페이지 안에 배치하는 데 `float` 속성을 사용하기 위해 용도를 변경해야 했다.

색상, 서체, 자주 사용하는 속성 그룹 등 스타일시트가 지나치게 반복적인 것도 문제다. 전형적인 CSS 파일은 위에서 아래로 작성되는 선형적 문서다. 객체 지향 프로그래밍을 하는 프로그래머가 자신의 머리를 쥐어뜯고 싶어할 만하다(나는 객체 지향 프로그래밍을 하지 않지만 머리카락은 거의 남아 있지 않다. 해석은 여러분에게 맡긴다).

인터페이스와 웹 애플리케이션이 점점 견고하고 복잡해지면서 우리는 CSS를 맨 처음 설계와는 전혀 다른 용도로 변경해 사용하고 있다. 그만큼 우리는 솜씨가 뛰어나다. 다행히도 웹이 제기하고 있는 이런 문제점을 해결하기 위해 최근 웹 브라우저 제작사들은 더 효율적이고 강력한 속성과 선택자로 새로운 CSS 기능을 빠르게 탑재하고 있다. 레이아웃을 위한 새로운 CSS3 옵션, `border-radius`, `box-shadow`, 고급 선택자advanced selector[4], 트랜지션, 트랜스폼, 애니메이션과 같은 기능이다. 흥이 절로 난다. 그러나 여전히 CSS 자체에서 많은 부분을 놓치고 있다. 채워야 할 구멍이 많고 작성자의 삶도 편안해져야 한다.

DRY 원칙

소프트웨어공학의 세계를 자세히 들여다보면(나는 가볍게 훑어보고 만족하는 것보다 좀더 유심히 살펴보는 편이다) 복잡한 시스템을 만드는 사람들은 구조화, 변수, 상수 등이 몸에 습관처럼 배어 있고 이것들

---

[4] 기본 선택자(요소, id, 클래스)보다 더 구체적인 기준으로 요소를 선택할 수 있는 선택자를 말한다. 예를 들어 전체 선택자(Universal Selector), 속성 선택자(Attributes Selector), 가상 클래스(Pseudo-class) 등이 있다.

이 얼마나 중요한 작업인지 금방 알 수 있다.

아마 여러분은 '반복되는 코드를 만들지 말라Don't Repeat Yourself : DRY' 는 원칙을 들어본 적 있을 것이다. 이것은 앤드루 헌트Andrew Hunt와 데이비드 토머스David Thomas가 쓴 《실용주의 프로그래머The Pragmatic Programmer》(http://bkaprt.com/sass/1/)에서 처음 제시된 원칙이다. 이 책에서는 DRY를 다음과 같이 명시한다.

> 시스템 안의 모든 지식 조각은 권위 있고 명확한 단 하나의 표현만을 가져야 한다.

이는 중복되어 작성된 코드가 개발자에게 혼란을 주고 작업 실패의 원인이 된다는 뜻이다(http://bkaprt.com/sass/2/). 일단 공통적으로 반복되는 패턴을 작성해놓고 그것을 애플리케이션 전체에서 재사용해야 한다는 것도 잘 알려진 상식이다. 이런 방식이 더 효율적이고 유지보수하기가 훨씬 쉽다.

CSS에는 DRY를 적용할 수 없다. CSS 문서는 반복되는 규칙, 선언, 값들로 채워진다. 우리는 색상, 서체에 관한 동일한 코드와 자주 사용되는 스타일 패턴을 스타일시트 전체에서 계속 반복해 작성하고 있다. DRY에 익숙한 소프트웨어 개발자는 제대로 작성된 CSS 파일을 한 번 보고 처음에 어리둥절해하다가 곧 좌절감에 빠져 흐느낄 것이다.

"이런! 답답한 코드를 어떻게 유지보수할 수 있죠?"라고 개발자가 물을 것이다. 그러면 여러분은 "아, 내가 IE 버그에 대해서는 이야기를 했었나요?"라고 씁쓸하게 대답할 것이다.

CSS로 작업하는 것은 왜 어려운가?

CSS의 공동 창시자 버트 보스Bert Bos의 글(http://bkaprt.com/sass/3/)을 보면 CSS가 왜 수년간 문법의 한계를 갖고 있을 수밖에 없었는지 이해할 수 있다.

> CSS는 프로그래머들이 매크로, 변수, 기호 상수, 조건문, 표현식과 같은 프로그래밍 언어에서 사용하는 효과적인 기능을 받아들이지 않고 멈추어 있다. 그런 기능이 제공된다면 고급 전문가는 자신이 원하는 대로 작성할 수 있지만 경험이 부족한 초보자는 자신도 모르게 포기할 것이다. 아니, 아예 겁을 먹고 시작도 하지 않을 것이다. 일종의 균형잡기인 셈이다. CSS에서의 균형은 다른 언어와 다르다.

CSS의 초기 설계자들은 이런 기능의 도입을 걱정했다. 그들은 (공평하게) 가능한 한 많은 사람이 웹사이트를 만들기를 원했다. CSS가 웹 페이지에 스타일을 적용하면서 내용과 표현을 분리할 수 있을 정도로 강력하며, 동시에 쉽게 이해되고 사용되기를 바랐다. 물론 나는 그들의 생각을 존중한다. 하지만 일은 더 많아지고 복잡해지며 코드의 미묘한 차이로 다루기가 까다로워진다. 또한 우리는 코드를 유지하고 미래의 변화에 대응해야 하는 도전을 받고 있다.

SASS란 무엇인가?

Sass는 CSS 전처리기다. 여러분이 작성하는 스타일시트와 브라우저에서 해석할 .css 파일 중간에 위치하는 하나의 계층이다. Sass Syntactically Awesome Stylesheets는 하나의 언어로서 CSS의 구멍을 메워주고 DRY 방식을 적용하여 더 빠르고 효율적으로 코드를 작성하고

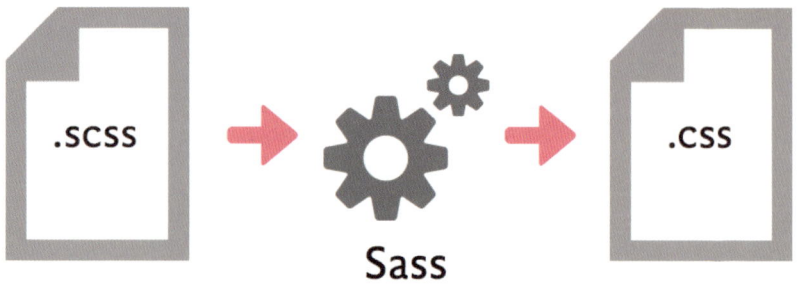

그림 1.1 Sass는 자신이 갖고 있는 '동적인 문법'을 흔히 사용하는 CSS로 변환한다.

쉽게 유지보수할 수 있게 해준다(그림 1.1).

Sass 웹사이트(http://bkaprt.com/sass/4/)에서는 Sass에 대해 명료하게 서술하고 있다.

> Sass는 CSS 상위에 있는 메타언어meta-language[5]다. 단조로운 CSS에 강력한 힘을 주며 CSS 문서의 스타일을 깔끔하고 구조적으로 묘사하는 데 사용한다. Sass는 더 간결하고 격식을 갖춘 CSS 문법을 제공하며 스타일시트를 쉽게 관리할 수 있는 다양한 기능을 구현한다.
>
> 보통 CSS에서는 변수나 믹스인(재사용 가능한 스타일 블록), 그 밖의 좋은 기능들을 사용할 수 없지만 Sass에서는 그것 모두, 아니 그보다 더 활용 가능한 문법들이 있다. 그 문법들은 표준 CSS에 '최상의 기능성'을 갖춰준다. 이후 명령행 프로그램이나 웹 프레임워크web-framework 플러그인을 이용하여 Sass 문법을 흔히 사용하는 CSS

---

5 상위언어라고도 하며 대상언어(예를 들어 CSS)를 정의하고 설명하는 언어를 말한다.

파일로 변환하거나 컴파일시킨다.

좀더 자세히 말하면 Sass는 CSS3가 확장된 것이며 잠시 후 살펴볼 SCSS('Sassy CSS') 문법은 CSS3의 상위 집합^{superset}이다. CSS3 문서가 유효하다면 이 또한 SCSS 문서에서도 유효하다는 뜻이다. 이것은 Sass와 쉽게 친해질 수 있게 해주는 필수 요소다. Sass 문법을 사용하여 무난히 작업을 시작할 수 있고 적든 많든 원하는 만큼 적용할 수 있다. 여러분은 Sass의 기능들을 하나씩 익히고 적용해보면서 기존의 스타일시트 파일을 CSS에서 SCSS로 점차 변환할 수 있다.

시간이 흐르고 여러분이 Sass를 능숙하게 작성할 수 있게 되면 (그리 오래 걸리지 않을 것이다) 자연스레 더해진 CSS 확장판처럼 느낄 것이다. 마치 우리가 메우고 싶었던 CSS의 빈틈을 CSS 명세 자체로 메우는 것처럼 말이다. 그런 까닭에 나는 Sass를 쓰기 시작하면서 한 번도 어렵다거나 해야 할 일이 많아져서 번거롭다고 생각해본 적이 없다. 여러분도 일단 시작하면 앞으로 계속 Sass를 고수하게 될 것이다.

더욱이 Sass는 CSS를 더 좋아지게 하고 있다. 지금 전처리기의 도움 없이는 불가능한 기능을 빠르게 적용함으로써 CSS 작성자는 실제로 그 기능을 구현해보고 테스트할 수 있다. 이것이 이치에 맞다고 생각한다면 Sass의 기능은 미래의 CSS 명세를 잘 알려주고 있는 것이다.

SASS 문법

Sass에는 서로 다른 두 개의 문법이 있다. 먼저 언급했던 SCSS가 최신 문법이다. SCSS 파일은 .scss라는 파일 확장자를 사용한다. 이 문법은 내가 사용하고 권장하는 것으로 그 이유는 다음과 같다.

- SCSS는 CSS3의 상위 집합으로 지난 10여 년간 CSS를 작성하던 방식으로 작성할 수 있고 아무 문제가 없다.
- 작업된 스타일시트에 Sass 기능을 적용하여 코드를 점차적으로 변경할 수 있다.
- 코드 형식을 변경할 필요가 없다.

간단한 SCSS 예제

SCSS 문법이 적용되는 예다. 변수를 먼저 정의하고 그 변수를 CSS 선언에서 사용하고 있다.

```scss
$pink: #ea4c89;

p {
  font-size: 12px;
  color: $pink;
}
p strong {
  text-transform: uppercase;
}
```

이 구문은 다음과 같이 컴파일된다.

```css
p {
  font-size: 12px;
  color: #ea4c89;
}
p strong {
```

```
    text-transform: uppercase;
}
```

`$pink` 변수를 제외하면 나머지 코드는 매우 친숙해 보인다. 변수는 이후에 자세히 살펴볼 것이다. SCSS의 작성방식은 여러분이 잘 알고 있는 CSS의 작성방식과 비슷하다. 그래서 나는 SCSS를 정말 좋아한다.

'들여쓰기'를 하는 초기 Sass 문법

앞의 예제와 달리 Sass의 초기 문법은 외관상 다르다. 몇몇 사람은 가장 기본적인 것만 남겨두고 중괄호와 세미콜론을 없애고 들여쓰기한 문법을 더 좋아하기도 한다. 여러분이 루비Ruby나 파이썬Python 같은 간결한 프로그래밍 언어를 사용해본 적 있다면 Sass 문법이 좀더 친숙하고 편하게 느껴질 것이다.

다음은 Sass 초기 문법의 간단한 예다. 다음 코드는 앞에서 살펴보았던 SCSS 코드와 완전히 똑같은 코드로 컴파일될 것이다.

```
$pink: #ea4c89

p
  font-size: 12px
  color: $pink

p strong
  text-transform: uppercase
```

괄호와 세미콜론이 사라지고 공백과 들여쓰기로 선언의 구조를 알려준다. 비교적 깔끔하고 간단하기 때문에 이런 문법 작성방식이 더 끌리는 이들도 있을 것이다. 이 방식으로 초기에 코드를 빨리 작성할 수 있고 다른 지저분한 코드를 깔끔하게 정리할 수 있다. 하지만 앞서 말했던 이유로 나는 여전히 CSS 정렬방식과 비슷한 SCSS를 선호한다.

이후 장章에 나오는 예제는 SCSS 문법을 사용할 것이다. 여러분이 간결한 Sass 문법을 더 좋아한다면 쉽게 바꾸어 쓸 수 있다. 우리가 더 깊이 다루게 될 Sass의 모든 기능은 두 가지 문법으로 적용할 수 있다. 어느 것을 쓸지는 개인 취향의 문제다.

SASS에 대한 오해

앞서 말했듯이 나는 Sass 사용을 꺼렸다. 이런 수많은 오해 때문이었다. 루비나 고급 커맨드 라인의 허튼소리를 알아야 하나? 스타일 시트를 작성해온 나만의 방식을 완전히 바꾸어야 하나? 최종 CSS 코드가 장황하게 늘어나거나 코드의 가독성이 떨어지는 것은 아닐까?

감사하게도 각 질문에 대한 대답은 당연히 "아니요"다. 하지만 인터넷의 여러 사이트에서 사람들이 Sass에 대해 언급할 때마다 다음과 같은 이야기들이 나온다. 이제 오해를 풀어보자.

명령행이 두렵다!

나는 절대로 명령행 전문가가 아니다. 꽤 애를 먹기는 했지만 수년간 여기저기에서 조금씩 배웠다. 나는 명령행에서 파일 시스템의 여러 디렉터리로 이동하거나 Git 명령어 등의 사용을 두려워하지 않는다.

물론 그런 작업을 원하지 않는 디자이너와 프런트엔드 개발자의 마음을 이해할 수 있다. 그중 명령행 공포증이 있는 사람도 있을 것이다. Sass에서 해야 할 명령행 작업은 거의 없다. 솔직히 명령어 단 한 줄만 배우면 된다. 게다가 명령행을 필요 없게 하는 앱과 웹 프레임워크도 있다(2장에서 살펴볼 것이다).

단지 명령행을 사용하고 싶지 않다는 이유만으로 Sass를 포기하지 말기를 바란다!

CSS 작성방식을 바꾸고 싶지 않다!

나도 겪었던 오해다. 나는 스타일시트를 새로 만들고 구조화하는 것에 까다로운 편이다. 꽤 공을 들여 문서를 작성한다. 하지만 기억하기 바란다. SCSS 문법은 CSS3의 상위 집합이므로 평소 CSS를 작성하던 방식을 변경할 필요가 없다. .scss 파일에서 작업할 때는 주석을 달거나 들여쓰기를 하든 안 하든 여러분이 좋아하는 형식을 그대로 작성할 수 있다. 이 사실을 깨닫고 나는 안심하고 Sass에 더 깊이 몰두할 수 있었다.

Sass 때문에 디자인방식을 바꾸고 싶지 않다!

한편, Sass는 여러분이 갖고 있는 모든 문제를 해결해주거나 여러분의 좋지 않은 습관을 고쳐주지 않는다. 비효율적이고 장황하게 늘어진 스타일시트는 Sass를 사용하더라도 여전히 비효율적이고 장황하게 늘어져 있을 수 있다. Sass에도 잘 짜인 구조와 현명한 생각이 필요하다. 솔직히 Sass 때문에 오히려 안 좋은 습관을 키우는 사례도 있다. 이에 대해서도 조금 짚고 넘어가보자. 하지만 올바르고 똑똑하게 사용한다면 Sass는 웹사이트를 제작하는 데 굉장히 좋은

조력자가 될 수 있다.

    그럼 더 이상의 오해는 떨쳐버리고 재미있게 놀아보자. Sass가 할 수 있는 것을 보면 깜짝 놀랄 것이다. 2장에서 Sass가 여러분의 작업과정과 얼마나 잘 맞는지, 명령행이나 앱을 얼마나 쉽게 이용할 수 있는지 살펴볼 수 있는 워크플로를 만들어볼 것이다. 자, 이제 Sass하러 가보자.

2

SASS
워크플로

Sass가 무엇인지 감을 잡았으므로 이제 환경을 설정하고 Sass를 사용해보자. 여러분이 해야 할 첫 번째 일은 컴퓨터에 Sass를 설치하는 것이다. Sass는 루비 언어[1]로 쓰인 프로그램이고 Sass의 기본 문법을 CSS로 변환해준다고 1장에서 언급했다. 그러므로 Sass는 사용하기 전에 설치부터 해야 한다.

맥에서 SASS 설치하기

맥을 사용하고 있다면(만세! 여러분은 정말 운이 좋다) Sass 설치가 이보다 더 간편할 수 없을 것이다. Mac OS X에는 루비가 이미 설치되

---

[1] 마쓰모토 유키히로가 개발한 순수 객체 지향 스크립트 프로그래밍 언어.

어 있고 Sass는 루비의 'gem'[2]으로 패키지화되어 있다. gem은 루비 애플리케이션에 관한 재치가 담겨 있는 프로그래머 용어다.

간단히 터미널Terminal.app(당황하지 마라!)을 열고 프롬프트에 다음 내용을 입력한 뒤 키보드에서 엔터 키를 누른다.

```
$ gem install sass
```

그리 어렵지 않을 것이다. 엔터 키를 누르면 터미널 화면에서 다음과 같은 설치 결과가 줄줄이 출력된다.

```
Fetching: sass-3.2.10.gem (100%)
Successfully installed sass-3.2.10
1 gem installed
Installing ri documentation for sass-3.2.10...
Installing RDoc documentation for sass-3.2.10...
```

축하한다! Sass가 설치되었다. 이 책을 쓰고 있는 시점에 공식적으로 배포된 Sass의 최신 버전은 3.2.10[3]이다. 이 결과는 터미널에서 충분히 확인해볼 수 있다.

비공식 최신 버전 설치하기

여러분은 최첨단에 살 수 있는 선택권이 있다. 명령어 마지막에 pre를 입력하여 최신 알파 버전을 설치하면 되는데, 이를 사용하면 안

---

2 루비에서 지원하는 패키지 시스템으로 gem 명령어를 사용하여 인터넷에서 자동으로 필요한 프로그램을 다운로드하여 설치 및 관리한다.
3 http://bit.ly/2kNSvko에서 Sass의 최신 버전을 확인할 수 있다.

전하면서도 최근에 나온 기능을 이용할 수 있다.

최신이면서 최고의 기능을 갖춘 버전을 설치하고 싶다면 터미널 프롬프트에 다음과 같이 입력하고 엔터 키를 누르면 된다.

```
$ gem install sass --pre
```

한 번 더 설치 결과가 여러 줄로 출력되는 것이 보이고 이번에는 알파 버전 3.3.0이 설치된 것을 확인할 수 있다.

```
Fetching: sass-3.3.0.alpha.3.gem (100%)
Successfully installed sass-3.3.0.alpha.3
1 gem installed
Installing ri documentation for sass-3.3.0.alpha.3...
Installing RDoc documentation for sass-3.3.0.alpha.3...
```

이제 여러분은 최첨단에 살고 있다. 여러분 신념의 대담한 도약에 경의를 표하는 바다.

윈도우에서 SASS설치하기[4]

Mac OS X와 달리 윈도우에는 루비가 설치되어 있지 않다. Sass 공식 웹사이트에서는 PC에서 실행하려면 윈도우용 루비인스톨러 Ruby-Installer[5] 설치를 권장한다(http://bkaprt.com/sass/5/).

---

4 자세한 내용은 http://www.webactually.com/sass 참조.
5 루비 언어를 포함하고 윈도우에 기반을 둔 독립형 설치 프로그램. 현재 루비 Sass는 2019년 3월 26일자로 지원이 중단되었다. 자세한 내용은 sass-lang.com 참고.

일단 루비가 설치되면 이 장에서 설명하는 나머지 명령어들을 따라서 실행해볼 수 있다.

SASS에게 감시할 watch 파일 알려주기

자, Sass를 설치했다. 이제 무엇을 해야 할까? 우리는 Sass에게 어떤 파일을 '감시'하라고 말해주어야 한다. 그러면 우리가 스타일시트를 편집하는 동안 Sass는 해당 파일을 모니터링할 것이다. 우리가 코드를 변경할 때마다 Sass는 Sass 문법이 잘 작성되어 있는 .scss 파일을 웹 브라우저에서 해석될 준비가 된 .css 파일로 변환해준다. 파일을 변환하는 방법에는 몇 가지가 있다.

- 명령행에서 간단한 명령어 입력하기
- 데스크톱 애플리케이션(여러 종류가 있다)을 사용하여 Sass 파일과 그 출력 파일 관리하기

먼저 명령행을 이용하는 방법부터 적용해보자. 겁먹지 않아도 된다! 정말 간단하다. 명령어는 Sass에게 특정 .scss 파일을 감시하고 목적 대상인 .css 파일로 변환하라고 말해준다.

예를 들면 다음과 같다.

```
$ sass --watch screen.scss:screen.css
```

이 명령어를 실행하면 Sass는 screen.scss 파일에 변화가 있는지 감시한다. 명령어를 입력하고 엔터 키를 누르면 터미널 화면에 다음과 같은 메시지가 뜬다.

>>> Sass is watching for changes. Press Ctrl-C to stop.

해당 파일이 업데이트되자마자 Sass는 그 파일을 screen.css로 변환하고 기존 내용을 변경된 내용으로 덮어버린다. 다시 말해 여러분이 Sass 문서를 변경하고 저장하는 순간마다 CSS 파일은 업데이트된다.

파일명이 반드시 똑같을 필요는 없다. 예를 들어 다음과 같은 명령어도 잘 작동한다(헷갈릴 수는 있다).

$ sass --watch werewolf.scss:vampire.css

파일을 똑같은 디렉터리에 넣지 않아도 된다. 솔직히 나는 .scss 파일을 .css 파일과 분리하는 편이 더 유용하다고 생각한다. 반드시 그래야 하는 것은 아니지만 파일 정리에 도움이 된다.

Sass 파일 정리하기

그림 2.1은 Sass가 설치된 일반적인 디렉터리 구조를 보여준다. stylesheet 디렉터리에는 Sass를 통해 생성된 .css 파일이 있고 sass 디렉터리에는 작업 중인 모든 .scss 파일이 있다.

여러분은 Sass에게 단 하나의 스타일시트 파일이 아닌 모든 디렉터리를 통째로 감시하라고 말할 수 있다. 앞의 파일 구조를 이용한다고 했을 때 아래의 watch 명령어를 사용하여 프로젝트에 있는 .scss 파일 안에 생기는 작은 변화도 모니터링하게 할 수 있다(터미널 화면에서 현재 내가 모든 스타일시트와 이미지 파일을 담고 있는 ~/ 디렉터리에 있다고 가정한다면 말이다).

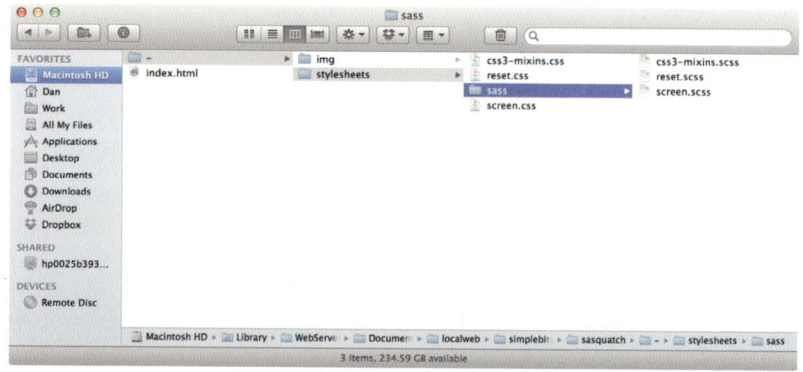

그림 2.1 Sass 파일 정리를 위한 일반적인 디렉터리 구조

```
$ sass --watch stylesheets/sass:stylesheets
```

명령행 대신 애플리케이션 사용하기

지금까지 우리가 살펴본 명령어들은 매우 단순했다. 그리고 여러분은 날카로운 통찰력을 지닌 프런트엔드 개발자로서 워크플로에 이렇게 작은 입력 부분을 추가하는 것이 그리 힘든 일이 아니라는 사실을 알았을 것이다. 그렇기는 해도 데스크톱 애플리케이션을 사용하면 좀더 쉽게 Sass 파일을 모니터링하고 출력 파일을 관리할 수 있다. 명령행을 얼마나 편하게 사용할 수 있는지와 관계없이 이것은 한번 살펴볼 만한 가치가 있다.

스카우트

스카우트Scout(http://bkaprt.com/sass/6/)는 맥과 윈도우용 무료 데

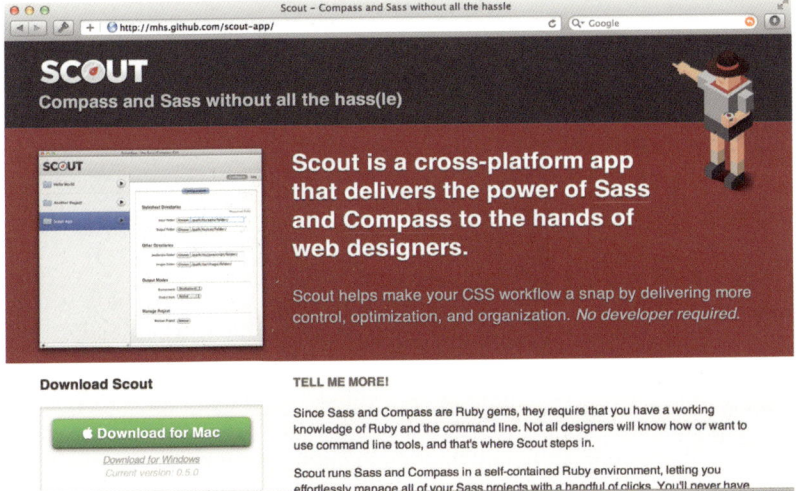

그림 2.2 스카우트 웹사이트

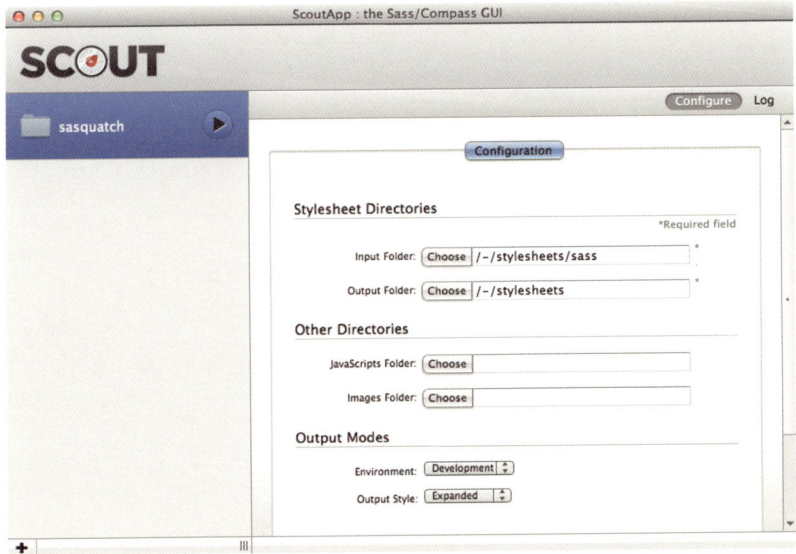

그림 2.3 엄청나게 간단한 스카우트 환경설정 화면

2장 SASS 워크플로

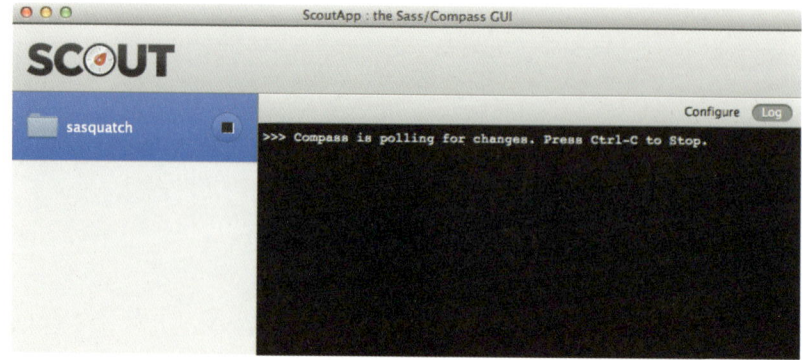

그림 2.4 스카우트가 Sass 파일들을 감시하는 동안 '로그' 화면에서는 컴파일 상태를 계속 보여준다.

스크톱 애플리케이션으로 '독립된 루비 환경을 제공하고 단 몇 번의 클릭으로 모든 Sass 프로젝트를 쉽게 관리'해준다. 다시 말해 스카우트는 명령행을 사용하는 대신 훌륭한 비주얼 인터페이스에서 감시하고자 하는 디렉터리와 파일들을 설정할 수 있다(그림 2.2, 그림 2.3).

입출력 폴더를 선택하고 프로젝트에 있는 재생 버튼을 클릭하면 스카우트는 파일들을 모니터링하기 시작한다. '로그' 섹션에서는 터미널 화면에 업데이트되는 내용을 출력한다(그림 2.4).

명령행을 사용하지 않고 직관적이고 편리한 방법을 바라다면(그리고 윈도우를 사용하는데 루비를 설치하고 싶지 않다면) 스카우트가 바로 그 도구다.

코드키트

스카우트처럼 코드키트CodeKit(http://bkaprt.com/sass/7/, Mac OS 전

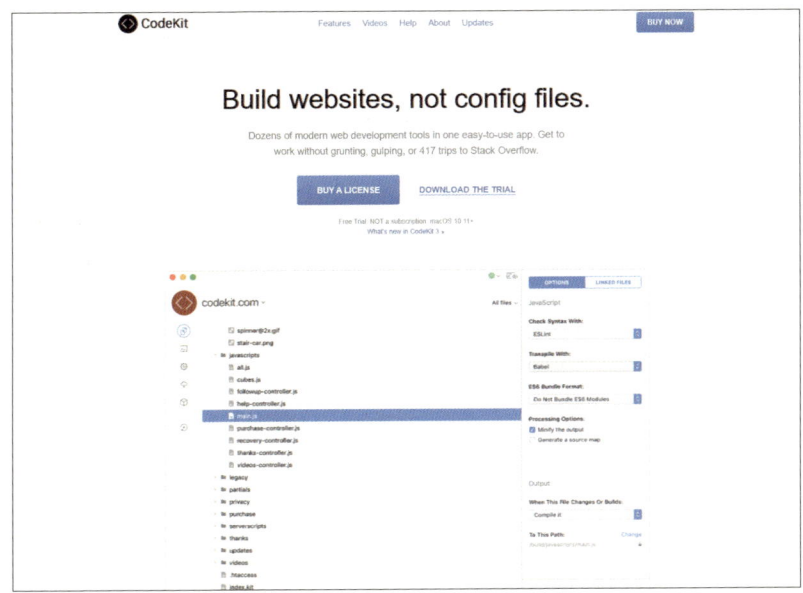

그림 2.5 코드키트 웹사이트

용)는 단순한 GUI에서 Sass 파일을 컴파일한다. LESS, 스타일러스Stylus, Haml, 커피스크립트CoffeeScript, 자바스크립트와 그 밖의 파일도 컴파일한다. 게다가 코드키트는 파일과 이미지를 최적화하고 개발할 때 브라우저를 자동으로 새로고침해주는 부가 기능이 있다(그림 2.5).

라이브리로드

라이브리로드LiveReload(http://bkaprt.com/sass/8/)는 Sass를 컴파일하는 것을 포함하여 작업하는 동안 모든 파일의 변경 사항을 모니터

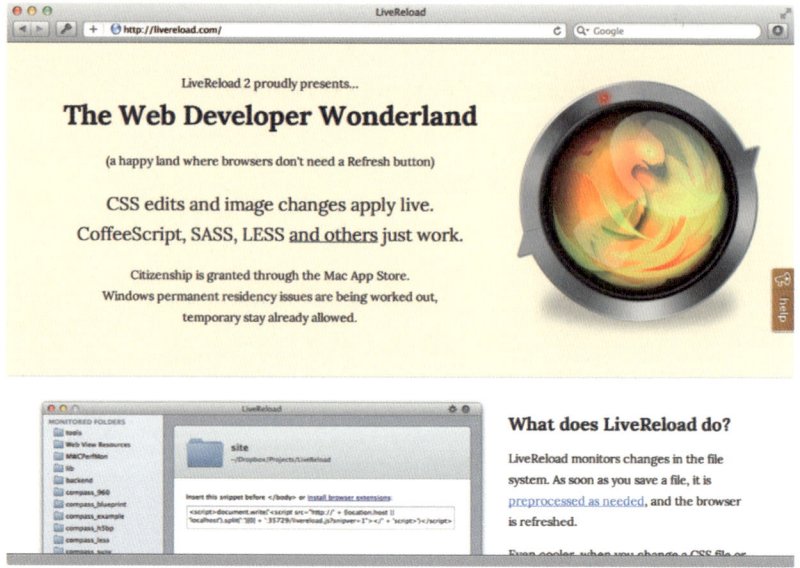

그림 2.6 라이브리로드 웹사이트

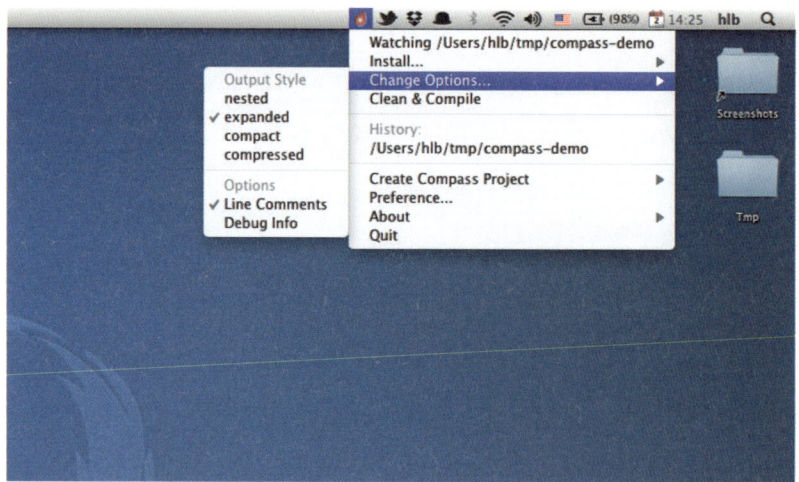

그림 2.7 컴퍼스.앱의 메뉴바 항목

링하고 재빨리 브라우저를 새로고침해준다(그림 2.6). 맥과 윈도우에서 모두 이용할 수 있다.

컴퍼스.앱

컴퍼스.앱Compass.app은 맥과 윈도우, 리눅스용 작은 메뉴바 애플리케이션으로 Sass 파일을 감시하고 컴파일한다(그림 2.7).

데스크톱 애플리케이션 외에 추가적으로 몇몇 개발 프레임워크는 자체적으로 Sass를 내장해 지원하고 있다. 한 예로 루비온레일스Ruby on Rails는 스타일시트가 요청되면 Sass 파일을 CSS 파일로 자동 컴파일해준다. 한 번 더 이야기하지만 명령행은 필요하지 않다. Sass에서 작업하는 명령어는 몇 개뿐이고 그리 복잡하지 않다. 그런데도 명령행을 사용하고 싶지 않다면 이 장에서 Sass를 사용할 수 있는 다른 선택사항이 있다는 사실을 알았을 것이다.

Sass를 설치했고 Sass 파일을 감시할 준비가 되었으므로 다음 단계로 가서 출력 스타일과 주석 넣기, 중첩하기에 대해 살펴보자.

출력 스타일 선택하기

나도 다른 사람들처럼 소스를 보며 웹디자인을 배웠다. 웹사이트의 겉모습뿐 아니라 그 안의 코드가 어떻게 구성되었는지 알 수 있는 것은 굉장한 혜택이다. 그래서 나는 마크업과 스타일시트 형식을 작성하는 데 어마어마한 공을 들인다. 닫는 중괄호 위치에 맞게 선언문을 들여쓰는 방식이라든지, 여백을 사용하여 스타일시트 섹션들을 그룹화하는 방식 등 이 모든 것이 불필요하고 까다롭다고 생각할 수도 있지만 우리가 작성한 CSS가 다른 이들에게는 잠재적 학습 도구가 될 수 있으므로 우리 자신만을 위해서 파일을 만들어서는 안 된다.

Sass를 이용하면 여러분은 더 이상 .css 파일을 작업하지 않는다. 대신 아무도 보지 못하는 .scss 파일을 작성할 것이다. Sass의 최종 출력 파일은 여러분이 선호하는 형식과 다를 수 있다. (내가 강박증이 있다는 것을 인정하며) 이런 출력 형식을 받아들여야 하고 나만의 형식을 버려야 한다는 생각에 Sass에 관한 관심이 사라졌고 사용하고 싶지도 않았다. 가당찮은 소리로 들리겠지만 스타일시트가 내 장인 정신의 산물이라고 한다면 나는 코드를 어떻게 구조화하고 어떤 형식을 적용할지 무척 신경을 썼다.

마침내 나는 그 고민을 해결했고 이 책을 썼다. 결과적으로 형식의 차이는 아주 사소한 것이다. 결과 파일들은 완벽하게 눈으로 읽을 수 있다. 사실 Sass에는 선택할 수 있는 출력 스타일이 몇 개 있다. 이제 그것들을 살펴보자.

중첩(기본 스타일)

Sass가 출력하는 기본 스타일은 중첩nested된 형식이다. HTML 구조를 반영하기 위해 규칙마다 들여쓴다. 다음은 중첩 스타일의 예다.

```
ol {
  margin: 10px 0;
  padding: 10px 0; }
  ol li {
    font-size: 2em;
    line-height: 1.4; }
    ol li p {
      color: #333; }
```

확장

확장expanded 스타일은 좀더 일반적인 형식으로 손으로 직접 작성한 스타일시트와 비슷하다. 이 형식은 여러분의 멋진 CSS 파일에서 소스 코드를 보는 이들에게 가장 친숙할 것이다. 다음은 확장 스타일의 예다.

```
ol {
  margin: 10px 0;
  padding: 10px 0;
}

ol li {
  font-size: 2em;
  line-height: 1.4;
}

ol li p {
  color: #333;
}
```

닫는 중괄호는 각 선언문의 맨 마지막 줄에 넣는다. Sass는 불필요하지만 선언문과 선언문 사이를 띄워서 비어 있는 한 줄을 넣는다. 이것만 제외하면 내 프로젝트에 사용하고 싶은 스타일이다. Sass를 사용하지 않고 손으로 직접 스타일시트(점점 더 보기 힘들어질 것이다!)를 작성할 때 사용하는 형식과 거의 같다.

기본인 중첩 스타일 대신 확장 스타일을 사용하려면 Sass 파일을 감시하라는 명령어에 플래그flag[6]를 추가하면 된다.

---

6 명령행 옵션 첫 부분에서 그 옵션의 목적을 나타내는 것으로, 플래그 앞에는 한 개 또는 두 개의 하이픈(-)을 붙인다.

```
$ sass --watch --style expanded screen.scss:screen.css
```

축약

축약compact 스타일은 한 줄에 하나의 선언문이 들어가며 선택자가 강조되는 형식이다. 규칙을 줄 단위로 구분하여 왼쪽부터 코드를 쉽게 훑어가며 시각적으로 그룹화된 규칙을 찾을 수 있다. 개인적으로 나는 특정 규칙을 찾는 데 어려움을 겪었다. 하지만 이런 형식으로 스타일시트를 수작업으로 작성하는 것에 심취한 CSS 작성자를 본 적이 있다. 그들은 가독성과 최적화 사이의 균형을 좋아한다.

다음은 축약 형식의 예다.

```
ol { margin: 10px 0; padding: 10px 0; }
ol li { font-size: 2em; line-height: 1.4; }
ol li p { color: #333; }
```

그리고 Sass 명령에 축약 스타일을 지정하는 방법은 다음과 같다.

```
$ sass --watch --style compact screen.scss:screen.css
```

압축

네 번째이자 마지막은 압축compressed 스타일이다. 스타일시트의 파일 용량을 줄이기 위해 공백과 줄바꿈을 모두 없앤다. 코드를 읽는 것이 거의 불가능하지만 의도적으로 그렇게 한다. 압축 스타일은 효율성을 위한 것이지 사람을 위한 것이 아니다. 예를 하나 들어보자.

```
ol{margin:10px 0;padding:10px 0;}ol li{font-
  size:2em;line-height:1.4;}ol li p{color:#333;}
```

다음은 압축 스타일을 만드는 명령어다.

```
$ sass --watch --style compressed screen.scss:screen.css
```

브라우저는 코드 사이의 공백과 줄바꿈이 필요하지 않다. 그러므로 공간을 줄이기 위해 이것들을 빼는 것은 당연하다. 이런 스타일은 학습에 도움이 되지 않는다고 주장하고 싶지만 규모가 큰 스타일시트는 바이트 하나하나를 소홀히 할 수 없기 때문에 이 스타일은 좋은 선택사항이 된다.

압축된 스타일은 특히 접속자가 많고 파일 하나하나의 성능이 중요한 웹 앱에 도움이 된다. 개인 웹사이트에는 이 방식이 중요하지 않을 수 있다. 이때는 여러분의 소스 코드를 보고 배우려는 사람들을 위해 좀더 가독성 있는 스타일을 적용하는 것이 좋을 것이다.

브라우저에 내장된 개발자 도구가 보편화되면서 몇 년 전에 비해 지금은 .css 파일의 서식을 설정하는 것은 별로 중요한 문제가 되지 않는다. 스타일시트를 분석하려고 소스를 직접 열어서 보기보다 브라우저 도구를 이용하여 살펴봄으로써 CSS가 어떻게 구축되었는지 뛰어난 통찰력을 얻을 수 있다. 이런 도구는 .css 파일에서 소스가 어떻게 보이는가와 상관없이 CSS를 읽기 쉬운 형식으로 보여준다.

어떤 스타일을 선택하여 CSS로 출력하든 워크플로는 크게 영향을 받지 않는다. 여러분은 .scss 파일에서만 작성할 것이므로 애착을 갖고 사용했던 본인만의 형식 그대로 작성해도 된다. .scss 파일을 여러분의 형식이 적용된 문서로 다루고 Sass로는 브라우저(그리고 사람)가 이해할 수 있는 스타일시트로 출력하게 한다.

출력 파일을 편집하지 마라!

이 시점부터 여러분은 Sass를 사용하면서 더 이상 .css 파일을 수정하지 않아도 된다. 꼭 명심하기 바란다. .scss 파일은 여러분이 늘 숨 쉬고 살아야 할 장소다. 그 이유는 여러분이 .css 파일에서 변경한 코드가 .scss 파일을 업데이트하고 컴파일하는 그 순간, 새로운 내용으로 덮어쓰여 결국 날아갈 것이기 때문이다. .scss 파일에만 신경쓰고 출력 파일은 기쁜 마음으로 잊어주기 바란다.

워크플로가 생겼다, 이제 작업해보자

Sass를 설정하는 방법에 대해 살펴보았다. 명령행이나 서드 파티 앱을 이용하여 워크플로에 Sass를 추가하는 방법에 대해서도 알아보았다. 마지막으로 Sass를 통해 나오는 CSS의 출력 스타일을 선택하는 것에 대해서도 살펴보았다. 이제 Sass를 작성할 준비가 되었다. 점점 복잡해져가는 웹 프로젝트의 일상 업무에 시간을 절약해주는 Sass의 기능을 이용해보자.

자, 그럼 3장으로 출발!

3
SASS 사용하기

이 장에서는 내가 프로젝트에서 늘 사용하는 Sass의 여러 가지 기능에 대해 설명할 것이다. 실무에서 Sass의 기능에 대해 이야기할 수 있게 특별히 가상 프로젝트를 준비했다. 일명 '새스콰치 레코드 Sasquatch Records' 프로젝트다. 음반회사의 웹사이트로 신화적이고 신출귀몰하는 야수를 소재로 한 초자연적 음악 스타일을 추구한다 (그림 3.1).

    Sass의 기능은 다양하다. 수많은 파일과 코드가 얽혀 있는 스타일시트를 작성하는 이들의 정신을 안정시키는 매우 효과적인 도구다. Sass에는 원하는 대로 사용할 수 있는 기능이 많지만 그중에서도 웹디자이너에게 가장 가치 있다고 여겨지는 부분을 말하고 싶다. 물론 여러분의 워크플로에도 가장 넣기 쉬운 부분이다.

그림 3.1 Sass의 예를 보여주기 위해 만든 가상의 웹사이트, 새스콰치 레코드

중첩 규칙

Sass를 이용하면 선택자를 서로 다른 선언문에서 계속 반복해 쓰지 않고 CSS 규칙을 선언문 안에 서로 중첩^{Nesting}해 쓸 수 있다. 중첩하는 것도 마크업의 구조를 그대로 반영한다. 이를테면 새스콰치 레코드 헤더의 주요 마크업 부분은 다음과 같은 구조로 되어 있다.

```
<header role="banner">
  <div id="logo">
    <img src="logo.png" alt="Sasquatch Records" />
  </div>

  <h1>Sasquatch Records</h1>
  ...
</header>
```

SCSS를 작성할 때 요소의 중첩을 그대로 반영할 수 있다. 출력할 때 Sass는 선택자 전부를 생성시켜 CSS에 반영할 것이다. 나는 개인적으로 중첩된 선택자 위에 한 줄을 비워두는 것을 좋아한다. 이렇게 하면 똑같은 수준에서 중첩된 선택자와 CSS 속성의 구분이 명확히 드러난다.

```scss
header[role="banner"] {
  margin: 20px 0 30px 0;
  border-bottom: 4px solid #333;

  #logo {
    float: left;
    margin: 0 20px 0 0;

    img {
      display: block;
      opacity: .95;
    }
  }

  h1 {
    padding: 15px 0;
    font-size: 54px;
    line-height: 1;
    font-family: Jubilat, Georgia, serif;
    font-weight: bold;
  }
}
```

이 코드는 다음과 같이 컴파일된다.

```
header[role="banner"] {
  margin: 20px 0 30px 0;
  border-bottom: 4px solid #333;
}
header[role="banner"] #logo {
  float: left;
  margin: 0 20px 0 0;
}
header[role="banner"] #logo img {
  display: block;
  opacity: .95;
}
header[role="banner"] h1 {
  padding: 15px 0;
  font-size: 54px;
  line-height: 1;
  font-family: Jubilat, Georgia, serif;
  font-weight: bold;
}
```

Sass는 선택자에서 각 요소를 반복하지 않고 계층 구조를 나타내는 중첩방식으로 코드를 간단하게 만든다. 물론 주의를 기울여 중첩해야 한다. 선택자를 장황하게 늘어놓을 필요가 없다. 지나친 중첩도 가독성을 떨어뜨릴 수 있다. 한두 단계 내려가는 것이 가장 좋다. 앞 예제와 같이 모듈 단위로 선언되기 때문에 Sass의 중첩방식은 효과적으로 시간을 절약해준다.

네임스페이스 속성 중첩하기

중첩 규칙을 추가하는 것과 마찬가지로 Sass에서는 공통된 네임스페이스 속성도 중첩할 수 있다(예를 들어 font-family, font-size, font-weight 등).

```
header[role="banner"] h1 {
  padding: 15px 0;
  font: {
    size: 54px;
    family: Jubilat, Georgia, serif;
    weight: bold;
  }
  line-height: 1;
}
```

이 코드는 다음과 같이 컴파일된다.

```
header[role="banner"] h1 {
  padding: 15px 0;
  font-size: 54px;
  font-family: Jubilat, Georgia, serif;
  font-weight: bold;
  line-height: 1;
}
```

이와 비슷하게 text- 네임스페이스 속성도 있다. 똑같은 코드를 반복하여 입력하는 것을 어느 정도 줄이고자 Sass의 중첩 규칙을 사용할 수 있다.

```
text: {
  transform: uppercase;
  decoration: underline;
  align: center;
}
```

background-는 또 다른 좋은 예다.

```
background: {
  color: #ea4c89;
  size: 16px 16px;
  image: url(sasquatch.png);
  repeat: no-repeat;
  position: top left;
}
```

Sass에서 중첩은 코드를 덜 작성하고 선택자와 속성의 형식을 반영하고자 들여쓰기한다는 것을 의미한다. CSS를 작성하는 사람이라면 누구나 쉽게 그 개념을 이해할 것이다. 결코 굳은 결심을 할 정도는 아니다.

&로 부모 선택자 참조하기

규칙과 속성을 중첩하는 것과 함께 Sass는 플레이스홀더[1]로 특수 기호 '&'를 사용하여 부모 선택자를 참조할 수 있다.

예를 들어 링크 선언문에 hover 스타일을 넣어 텍스트와 테두리

---

1 일반적으로는 빠져 있는 것을 대신하는 기호나 텍스트를 말하지만 여기서는 CSS에 존재하지 않는 부모 참조 선택자를 대신하는 기호(&)로 해석할 수 있다.

선 색을 덮어쓰기할 수 있다.

```scss
a {
  font-weight: bold;
  text-decoration: none;
  color: red;
  border-bottom: 2px solid red;

  &:hover {
    color: maroon;
    border-color: maroon;
  }
}
```

'&'에 부모 선택자가 대체되어(여기서는 a) 다음과 같이 컴파일된다.

```scss
a {
  font-weight: bold;
  text-decoration: none;
  color: red;
  border-bottom: 2px solid red;
}
a:hover {
  color: maroon;
  border-color: maroon;
}
```

다음은 '&'를 사용하여 부모 선택자를 참조하는 다른 예다. 이 예에서는 서로 다른 클래스에서 서로 다른 스타일을 적용하고 있다.

```
li a {
  color: blue;

  &.alert {
    color: red;
  }

  &.success {
    color: green;
  }
}
```

이 코드는 다음과 같이 컴파일된다.

```
li a {
  color: blue;
}
li a.alert {
  color: red;
}
li a.success {
  color: green;
}
```

'&'는 특정한 클래스 안에서 스타일을 덮어쓰기할 때 유용하다. 예를 들어 웹사이트 메인 섹션의 단락 스타일을 지정했지만 특정 페이지에서는 그 스타일을 살짝 다르게 하고 싶다고 해보자. body 에 클래스 하나를 만들고 '&'를 사용하여 덮어쓰기하는 선언을 메인 선언 안에 살짝 끼워 넣는다.

```
section.main p {
  margin: 0 0 20px 0;
  font-size: 18px;
  line-height: 1.5;

  body.store & {
    font-size: 16px;
    line-height: 1.4;
  }
}
```

이 코드는 다음과 같이 컴파일된다.

```
section.main p {
  margin: 0 0 20px 0;
  font-size: 18px;
  line-height: 1.5;
}
body.store section.main p {
  font-size: 16px;
  line-height: 1.4;
}
```

 store 페이지 또는 `<body class="store">`가 있는 페이지들에서 단락의 텍스트 크기가 살짝 작게 보일 것이다. 하지만 완전히 새롭게 스타일을 선언하기보다 '&'를 사용하여 특정한 선언을 만들어 중첩시켰고 Sass가 컴파일할 때 전체 선택자를 다시 생성하도록 했다. 서로 연관된 스타일 규칙을 하나의 그룹 안에 담는 습관을 가지면 작업시간이 크게 줄어든다.

SASS에서 주석 달기

스타일시트에 들어가는 주석에 대해 Sass는 CSS에서 기본이 되는 여러 줄짜리 주석뿐 아니라 스크립트에서 사용하는 한 줄짜리 주석도 지원한다. 예를 들면,

/* 이것은 최종 .css 파일에서 보일
여러 줄짜리 주석이다. */

주석의 첫 글자로 '!'를 넣어서 중요한 주석들(저작권 정보, 저자명 표기, 브라우저 핵에 대한 메모 등)을 압축된 스타일의 출력 파일에 유지, 보존시킬 수 있다.

/*! 이것은 최종 .css 파일에서 보일
여러 줄짜리 주석이다. 심지어 압축된 스타일에서도 말이다.
*/

한 줄짜리 주석은 각 줄 처음에 접두어 '//'를 단다. 최종 출력 파일에는 반영되지 않으므로 개인적인 메모를 남기는 용도로 안전하게 사용할 수 있다.

// 이것은 한 줄짜리 주석이다.
// 한 줄짜리 주석들은 .css 파일에서 삭제된다.
// 그러므로 여러분이 원하는 것은 무엇이든지 여기 적어도 된다.
// 고백하면 나는 정말로 아바ABBA의 노래를 좋아한다.
// 홀 앤드 오츠Hall & Oates도 좋아한다.

의심스러운 음악적 취향을 감출 수도 있고 개발하는 동안 회사 팀원들끼리 서로 참조하기 위해 SCSS 문서에 한 줄짜리 주석을 넣는 것도 매우 유용한 방법이다. 출력된 CSS 파일에 쓸데없이 부풀려진 주석이 달리는 것을 염려하지 않고 주석을 자주 그리고 자세하게 이용할 수 있다.

변수

Sass에는 놀랍도록 유익한 기능이 많아서 프런트엔드 개발자의 삶이 편해진다. 그중 가장 유익한 것을 하나만 뽑으라고 한다면 나는 변수를 선택할 것이다.

우리는 스타일을 작성할 때 코드를 너무 자주 반복해서 쓴다. 색상, 서체, 배경 이미지, 너비 등의 값이 변경된다면 그것을 검색하여 찾고 바꾸는 기나긴 전투를 해야 한다. 이런 상황은 반드시 바뀌어야 한다. 변수는 유지보수 작업을 훨씬 간편하고 쉽게 만든다.

Sass에서의 변수는 다음과 같이 $를 사용하고 CSS 규칙과 똑같이 정의한다.

```scss
$color-main: #333;
$color-light: #999;
$color-accent: #ea4c89;

$font-sans: "Proxima Nova", "Helvetica Neue", »
    Helvetica, Arial, sans-serif;
$font-serif: Jubilat, Georgia, serif;
```

일단 변수가 정의되면 선언 안에 그것을 적용할 수 있다.

```
body {
  padding: 0 8%;
  font-family: $font-sans;
  font-size: 100%;
  color: $color-main;
  background: #fff url(../img/bg.jpg) repeat-x -80% 0;
}
```

Sass는 이 변수들을 그들이 가진 값으로 치환하여 CSS 파일을 출력할 것이다.

```
body {
  padding: 0 8%;
  font-family: "Proxima Nova", "Helvetica Neue",   »
    Helvetica, Arial, sans-serif;
  font-size: 100%;
  color: 333;
  background: #fff url(../img/bg.jpg) repeat-x -80% 0;
}
```

Sass 변수를 사용함으로써 CSS 문서에서 반복되는 값을 일일이 고치는 엄청난 작업을 단 몇 초 안에 해결할 수 있게 되었다. 여러분은 이제 파일 전체를 뒤지며 수정할 값을 찾을 필요가 없다. 만세!

스타일 가이드를 위한 변수 활용

지나 볼턴Jina Bolton은 브랜드 팔레트brand palette에서 스타일 가이드를 만들면서 Sass 변수가 어떻게 도움이 되는지에 관한 훌륭한 글을 썼다(http://bit.ly/2kKGa0h). 지나가 말하기를,

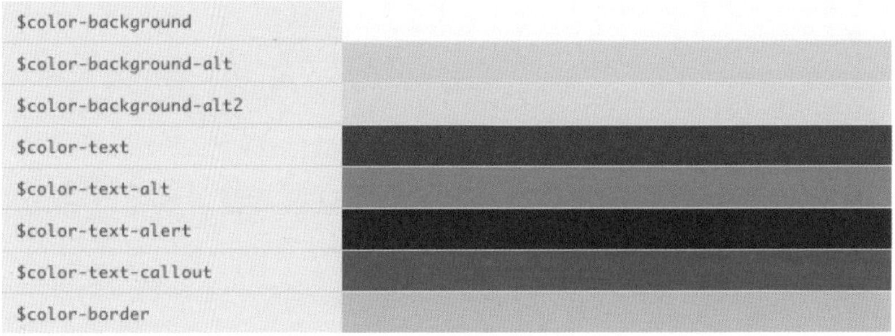

$color-background	
$color-background-alt	
$color-background-alt2	
$color-text	
$color-text-alt	
$color-text-alert	
$color-text-callout	
$color-border	

그림 3.2 지나 볼턴은 스타일 가이드를 만드는 데 Sass를 사용했다.

스타일 가이드를 지속적으로 유지하기 위해 그것을 똑같은 애플리케이션의 내부 관리자 전용 섹션에 넣어두었다. 그리고 컬러 팔레트를 각각 해당되는 Sass 변수 옆에 보이게 했다. 똑같은 프런트엔드 부분을 사용하는 애플리케이션에 스타일 가이드를 제작했기 때문에 팔레트는 공통된 변숫값을 참조하여 컬러를 보여준다. 변숫값이 바뀌면 팔레트는 자동으로 업데이트된다(**그림 3.2**).

시간이 지나 진부해지거나 쓸모없어지는 정적인 스타일 가이드를 작성하는 것보다 브랜드 팔레트를 정의하는 데 Sass 변수를 사용하면 스타일 가이드가 항상 최신 버전으로 유지될 것이다.

스타일 가이드의 변수를 기본으로 삼아 지나 볼턴은 Sass의 컬러 기능을 이용하여 브랜드 팔레트에서 색상을 다양하게 변환하는 방법을 이야기한다.

예를 들어 여기 새스콰치 레코드 웹사이트의 작은 컬러 팔레트가 있다. 실제로 CSS 출력 파일에는 반영되지 않는 한 줄짜리 주석을 이용하여 각 색상을 명시했다.

```
$color-main: #333;        // black
$color-light: #999;       // grey
$color-accent: #ea4c89;   // pink
```

다음으로 Sass에서 darken이나 lighten 컬러 기능을 이용하여 다른 음영 컬러를 만들 수 있다. 이 또한 브랜드 팔레트가 기준이 된다.

핑크(**#ea4c89**) 컬러를 30퍼센트 정도 어둡게 만들어보자.

```
section.secondary {
  background: darken($color-accent, 30%);
}
```

컴파일을 실행할 때 Sass는 원본 컬러인 핑크보다 30퍼센트 정도 어두운 색상에 상응하는 헥스Hex 코드를 참조하여 계산한다.

```
section.secondary {
  background: #8d1040;
}
```

색상을 밝게 만들 수도 있다.

```
section.secondary {
  background: lighten($color-accent, 30%);
}
```

앞의 코드는 다음과 같이 컴파일된다.

```
section.secondary {
  background: #fad5e3;
}
```

CSS 변수란 무엇인가?

Sass와 그 밖의 CSS 전처리기의 좋은 점 가운데 하나는 표준으로 제안할 만한 기능을 테스트하는 실험의 장이 된다는 것이다. 즉 Sass는 아직 CSS 명세에 존재하지 않는 기능들을 구현하면서 작업을 빠르게 진행시킬 수 있다. 이런 실험적인 기능들이 충분히 성공적인 것으로 입증된다면 표준안에 반영될 수 있다.

실험적 기능에 대한 좋은 예가 변수고 이는 CSS 전처리기 중 가장 많이 사용되는 기능일 것이다. Sass와 LESS를 잘 활용하고 있기 때문에 공식적인 CSS 기능으로 변수를 포함하자는 주장이 커지고 있다. 현재 W3C 후보 권고안인 'CSS 변수 모듈 레벨 1[CSS Variables Module Level 1]'이 개발 중이다(http://bkaprt.com/sass/11/).

안타깝게도 이 글을 쓰고 있는 시점에 CSS 변수 문법은 Sass 문법과 다르다. Sass만큼 잘 정리된 형태도 아니고 쉽게 이해할 수도 없다. 예를 들어 문서 루트 요소에 관한 CSS 변수를 설정하는 방법은 다음과 같다.

```
:root {
  var-color-main: #333;
}
```

설정한 변수를 선언 안에서 사용하는 방법은 다음과 같다.

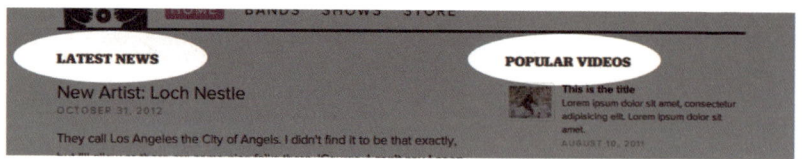

그림 3.3 새스콰치 레코드 웹사이트에서 공유되는 헤딩 스타일

```
#main p {
  color: var(color-main);
}
```

제안된 명세에는 변수를 정의하기 위해 var 접두어를 쓴다. 하지만 변숫값을 표시하기 위해 var(variable-name) 문법을 사용하고 있다. 조금 어색하고 헷갈리지만 현재 진행 중이고 많은 사람이 변수를 정의하는 것과 변숫값을 표시하는 것 모두 Sass와 같은 $foo 문법을 쓰자고 강하게 요구하고 있다. 그 방향으로 흘러가기를 바란다.

믹스인

내가 두 번째로 좋아하는 Sass의 기능 믹스인Mixin을 살펴보자. 변수를 정의하고 스타일시트 전체에 걸쳐 변숫값을 재사용할 경우 믹스인은 스타일 블록을 정의하고 재사용하게 해준다. 여러 가지 선언에서 똑같은 규칙을 계속 반복하며 작성하는 것보다 믹스인을 사용하여 단 한 번만 스타일 그룹을 정의하고 필요할 때마다 그것을 참조할 수 있다.

이를 위해 새스콰치 레코드 웹사이트에서 한두 군데 사용할 헤딩heading 스타일을 믹스인으로 만들어보자(그림 3.3). 페이지 여러 곳에서 제목이 보이지만 CSS는 똑같다. 믹스인을 사용하기에 완벽한 상황이다.

먼저 .scss 파일 윗부분에 @mixin 지시자를 이용하여 믹스인을 정의할 것이다. title-style로 이름을 짓고 여백과 서체에 대한 규칙을 정의하고자 한다.

```
@mixin title-style {
  margin: 0 0 20px 0;
  font-family: $font-serif;
  font-size: 20px;
  font-weight: bold;
  text-transform: uppercase;
}
```

일단 믹스인이 정의되면 스타일을 넣고자 하는 모든 곳에 @include 지시자를 사용하여 그 믹스인을 참조할 수 있다.

페이지의 주요 부분을 정의하는 규칙은 새스콰치 웹사이트 스타일시트에 있다. 그 파일에 있는 <h2> 요소의 모든 스타일을 믹스인으로 만들 것이다.

```
section.main h2 {
  @include title-style;
}
```

앞의 코드는 다음과 같이 컴파일된다.

```
section.main h2 {
  margin: 0 0 20px 0;
```

```
    font-family: Jubilat, Georgia, serif;
    font-size: 20px;
    font-weight: bold;
    text-transform: uppercase;
}
```

사이드바에 있는 <h3> 요소도 똑같은 믹스인 방식으로 만들 것이다. 나중에 스타일시트에서 똑같은 믹스인을 불러서 똑같은 규칙이 컴파일되도록 할 것이다.

```
section.secondary h3 {
  @include title-style;
}
```

이것은 공통된 스타일을 중복하여 사용하거나 이론상 공유할 수 있는 양쪽 헤딩을 마크업 안에서 클래스를 따로 만들지 않게 해준다. 믹스인에 다른 규칙을 추가하여 사용할 수 있다.

```
section.secondary h3 {
  @include title-style;
  color: #999;
}
```

앞의 코드는 다음과 같이 컴파일될 것이다.

```
section.secondary h3 {
  margin: 0 0 20px 0;
  font-family: Jubilat, Georgia, serif;
  font-size: 20px;
  font-weight: bold;
```

```
    text-transform: uppercase;
    color: #999;
}
```

공통된 스타일을 믹스인으로 추상화할 수 있다. 스타일을 덮어쓸 수 있고 규칙을 추가하여 스타일을 확장할 수 있다. 정말 강력하다!

믹스인 인자

Sass의 믹스인은 인자를 취할 수 있기 때문에 믹스인을 호출하면서 인자를 전달할 수 있다. 예를 들어 title-style 믹스인과 함께 색상을 지정하는 인자 한 개를 추가해보자.

믹스인을 정의할 때 괄호 안에 변수를 넣어 인자를 지정한다.

```
@mixin title-style($color) {
  margin: 0 0 20px 0;
  font-family: $font-serif;
  font-size: 20px;
  font-weight: bold;
  text-transform: uppercase;
  color: $color;
}
```

믹스인을 호출할 때 다른 규칙들과 같이 하나의 색상(사랑스러운 번트 오렌지)을 전달할 수 있다.

```
section.main h2 {
  @include title-style(#c63);
}
```

앞의 코드는 다음과 같이 컴파일된다.

```
section.main h2 {
  margin: 0 0 20px 0;
  font-family: Jubilat, Georgia, serif;
  font-size: 20px;
  font-weight: bold;
  text-transform: uppercase;
  color: #c63;
}
```

다중 인자

믹스인 선언에서 쉼표로 값들을 구분하여 여러 개의 인자를 전달할 수 있다.

```
@mixin title-style($color, $background) {
  margin: 0 0 20px 0;
  font-family: $font-serif;
  font-size: 20px;
  font-weight: bold;
  text-transform: uppercase;
  color: $color;
  background: $background;
}
```

다음은 두 개의 다른 선택자에서 믹스인을 호출하며 글자색과 배경색, 서로 다른 두 개의 인자를 넘겨준다.

```
section.main h2 {
```

```
  @include title-style(#c63, #eee);
}

section.secondary h3 {
  @include title-style(#39c, #333);
}
```

앞의 코드는 다음과 같이 컴파일된다.

```
section.main h2 {
  margin: 0 0 20px 0;
  font-family: Jubilat, Georgia, serif;
  font-size: 20px;
  font-weight: bold;
  text-transform: uppercase;
  color: #c63;
  background: #eee;
}
section.secondary h3 {
  margin: 0 0 20px 0;
  font-family: Jubilat, Georgia, serif;
  font-size: 20px;
  font-weight: bold;
  text-transform: uppercase;
  color: #39c;
  background: #333;
}
```

믹스인이 얼마나 융통성 있는지 지금부터 알게 될 것이다. 인자를 사용하여 지속적으로 공유되는 규칙들을 조금씩 다른 규칙과 함께 적용할 수 있다.

인자에 기본값 정의하기

믹스인의 인자를 사용할 때 그 기본값을 정의하는 것이 가끔 편할 때가 있다. 보통 인자 없이 간단히 믹스인을 호출할 것이다. 하지만 덮어쓰기를 해서 인자를 넘길 수 있다.

```scss
@mixin title-style($color, $background: #eee) {
  margin: 0 0 20px 0;
  font-family: $font-serif;
  font-size: 20px;
  font-weight: bold;
  text-transform: uppercase;
  color: $color;
  background: $background;
}
```

믹스인의 배경색 기본값으로 밝은 회색을 정의했더라도 다른 색상을 인잣값으로 전달할 수 있다.

```scss
section.main h2 {
  @include title-style(#c63);
}
section.secondary h3 {
  @include title-style(#39c, #333);
}
```

앞의 코드는 다음과 같이 컴파일된다.

```css
section.main h2 {
  margin: 0 0 20px 0;
  font-family: Jubilat, Georgia, serif;
```

```
    font-size: 20px;
    font-weight: bold;
    text-transform: uppercase;
    color: #c63;
    background: #eee;
}
section.secondary h3 {
    margin: 0 0 20px 0;
    font-family: Jubilat, Georgia, serif;
    font-size: 20px;
    font-weight: bold;
    text-transform: uppercase;
    color: #39c;
    background: #333;
}
```

또한 하나의 믹스인에서 여러 개의 기본 인자를 정의했을 때 그 인자를 모두 다시 정의할 필요 없이 선택적으로 인잣값을 덮어쓰기 할 수 있다.

예를 들어 믹스인에서 $color와 $background 두 개의 기본값을 정의 한다고 하자.

```
@mixin title-style($color: blue, $background: green) {
    margin: 0 0 20px 0;
    font-family: $font-serif;
    font-size: 20px;
    font-weight: bold;
    text-transform: uppercase;
    color: $color;
    background: $background;
}
```

글자 색은 기본색인 blue로 그대로 보이지만 배경색을 pink로 덮어쓰기 바란다면 배경색을 핑크로 넘겨주기만 하면 된다.

```
section.main h2 {
  @include title-style($background: pink);
}
```

앞의 코드는 다음과 같이 컴파일된다.

```
section.main h2 {
  margin: 0 0 20px 0;
  font-family: Jubilat, Georgia, serif;
  font-size: 20px;
  font-weight: bold;
  text-transform: uppercase;
  color: blue;
  background: pink;
}
```

시간을 절약해주는 방법, 여러 인자를 한 곳에 정의하는 것(믹스인)이다.

CSS3의 믹스인 사랑

믹스인을 인자와 함께 사용하는 방식은 CSS3에서 그 진가를 발휘한다. CSS3에서 둥근 모서리, 그림자, 그레이디언트, 트랜지션 등을 구현하기 위해 스타일시트에서 개발사 접두어를 자주 반복하여 작성한다. 디자인 전체에서 각 속성에 지정된 값들이 조금씩 달라질 수 있지만 상당히 많은 값이 같고 반복된다. Sass는 '다량의' CSS

를 매우 가볍게 처리해준다. CSS 그레이디언트를 만들려고 그 문법을 외우고 있지 않은가? 믹스인 하나로 만들어라!

border-radius

다음은 모든 브라우저에서 CSS3의 둥근 모서리를 처리하는 믹스인이고 radius 값을 인자로 했다.

```
@mixin rounded($radius) {
  -webkit-border-radius: $radius;
    -moz-border-radius: $radius;
         border-radius: $radius;
}
```

해당 페이지에 있는 어떤 것이라도 이 믹스인을 호출하여 모서리를 둥글게 만들 수 있다.

```
ol.slats li a img {
  float: left;
  margin: 0 10px 0 0;
  padding: 4px;
  border: 1px solid #ddd;
  @include rounded(3px);
}
div.module {
  padding: 20px;
  background: #eee;
  @include rounded(10px);
}
```

이 코드는 다음과 같이 컴파일된다.

```css
ol.slats li a img {
  float: left;
  margin: 0 10px 0 0;
  padding: 4px;
  border: 1px solid #ddd;
  -webkit-border-radius: 3px;
     -moz-border-radius: 3px;
          border-radius: 3px;
}
div.module {
  padding: 20px;
  background: #eee;
  -webkit-border-radius: 10px;
     -moz-border-radius: 10px;
          border-radius: 10px;
}
```

box-shadow

다중 인자를 사용하는 믹스인의 예다. CSS3에서 그림자를 생성해 주는 믹스인은 그림자의 수직 위치, 수평 위치, 흐림 정도, 색상 등 네 개의 인자를 넘겨준다.

```scss
@mixin shadow($x, $y, $blur, $color) {
  -webkit-box-shadow: $x $y $blur $color;
     -moz-box-shadow: $x $y $blur $color;
          box-shadow: $x $y $blur $color;
}
```

이 믹스인을 이전에 만든 div.module 예제에 더해보자. 그림자는 위에서 곧게 아래로 1픽셀 내려오고, 2픽셀만큼 흐리고, 50퍼센트

불투명한 검정색으로 보이게 된다.

```
div.module {
  padding: 20px;
  background: #eee;
  @include rounded(10px);
  @include shadow(0, 1px, 2px, rgba(0,0,0,.5));
}
```

이 코드는 다음과 같이 컴파일된다.

```
div.module {
  padding: 20px;
  background: #eee;
  -webkit-border-radius: 10px;
    -moz-border-radius: 10px;
         border-radius: 10px;
    -webkit-box-shadow: 0, 1px, 2px, rgba(0,0,0,.5);
       -moz-box-shadow: 0, 1px, 2px, rgba(0,0,0,.5);
            box-shadow: 0, 1px, 2px, rgba(0,0,0,.5);
}
```

이제는 다량의 개발사 접두어를 반복하여 작성할 필요가 없다. 한 번만 적고 필요할 때마다 재사용하면 된다.

CSS3 그레이디언트

CSS3의 그레이디언트gradient 문법은 불편하다. 웹 브라우저마다 문법이 다르고 기억하기도 어렵다. 과거부터 지금까지 명세가 점진적으로 진척되어 스타일시트를 작성하는 사람은 관련 코드를 필수

그림 3.4 새스콰치 레코드 웹사이트에서 공통적으로 사용된 헤딩 스타일

로 업데이트해야 했다. 이런 불편 사항에 대해 Sass(정확히 믹스인)는 CSS3 그레이디언트 작업의 불편을 덜어주고 앞으로의 변화에 대한 업데이트를 최소화해준다. 명세가 또 바뀌더라도 믹스인에서 단 한 번만 문법을 수정하면 된다.

예를 들어 새스콰치 레코드 디자인(그림 3.4)에서 활성화된 탭 스타일에 선형 그레이디언트를 추가해보자. 그레이디언트를 적용할 수 있는 대부분의 브라우저에서 잘 보이면서 CSS 그레이디언트를 지원하지 않는 브라우저에서는 단색으로 보이도록 하위 버전 브라우저에 관한 대비책을 사용할 것이다. 이를 위해 상당히 많은 속성을 작성해야 한다.

```
header nav[role="navigation"] ul li.active a {
    padding: 3px 8px;
```

```
        color: #fff;
        -webkit-border-radius: 4px;
           -moz-border-radius: 4px;
                border-radius: 4px;
        /* 하위 버전 브라우저 대비책 */
        background-color: #d42a78;
        /* Mozilla Firefox */
        background-image: -moz-linear-gradient(#ff70b1, »
           #d42a78);
        /* Opera */
        background-image: -o-linear-gradient(#ff70b1, »
           #d42a78);
        /* WebKit (Safari/Chrome 10) */
        background-image: -webkit-gradient(linear, »
           left top, left bottom, color-stop(0, #ff70b1), »
           color-stop(1, #d42a78));
        /* WebKit (Chrome 11+) */
        background-image: -webkit-linear-gradient »
           (#ff70b1, #d42a78);
        /* IE10 */
        background-image: -ms-linear-gradient(#ff70b1, »
           #d42a78);
        /* W3C */
        background-image: linear-gradient(#ff70b1, »
           #d42a78);
     }
```

모든 개발사 접두어 속성이 위에서 아래로 색이 채워지는 그레이디언트를 만들도록 똑같은 '시작 색상[from]'과 '끝 색상[to]'의 헥스 코드를 취한다는 점을 주목하기 바란다. Sass의 믹스인을 사용하면 그레이디언트에 필요한 색상값을 변수로 넘겨주어 작업을 좀더 단순화할 수 있다. 그레이디언트가 필요할 때마다 이렇게 변형된 코드를 다 기억할 사람이 있을까? 이 코드들을 더 쉽게 만들어보자.

먼저 `linear-gradient`라 불리는 믹스인을 만들어보자. 스타일시트 전체에서 원하는 색상을 사용할 수 있도록 헥스 코드를 추출하고 그 값을 `$from`과 `$to` 변수를 사용하여 전달할 것이다.

```scss
@mixin linear-gradient($from, $to) {
  /* 하위 버전 브라우저 대비책 */
  background-color: $to;
  /* Mozilla Firefox */
  background-image: -moz-linear-gradient($from, $to);
  /* Opera */
  background-image:  -o-linear-gradient($from, $to);
  /* WebKit (Safari 4+, Chrome 1+) */
  background-image:  -webkit-gradient(linear, »
    left top, left bottom, color-stop(0, $from), »
    color-stop(1, $to));
  /* WebKit (Chrome 11+) */
  background-image:  -webkit-linear-gradient($from, »
    $to);
  /* IE10 */
  background-image:  -ms-linear-gradient($from, $to);
  /* W3C */
  background-image:  linear-gradient($from, $to);
}
```

CSS 그레이디언트를 지원하지 않는 브라우저에 대한 `background-color` 하위 버전의 브라우저 대비책을 명시하는 데 `$to` 색상을 사용했다는 점에 유의하기 바란다.

다행히 이 기괴한 코드를 딱 한 번만 작성하면 된다. 이제 간단한 선형 그레이디언트를 만들고 싶을 때 선택된 두 가지 색상과 함

그림 3.5 Sass의 믹스인을 사용하여 버튼에 쉽게 그레이디언트 효과를 줄 수 있다.

께 믹스인을 호출하기만 하면 된다. 나머지는 Sass가 한다. 새스콰 치 레코드 웹사이트에서 활성화된 탭 스타일을 위한 선언은 다음과 같다.

```
&.active a {
  padding: 3px 8px;
  color: #fff;
  @include rounded(4px);
  @include linear-gradient(#ff70b1, #d42a78);
}
```

이만하면 할 만한 정도가 아니라 매우 유용하다! 마치 우리말로 쓰인 것처럼 이해하기 쉽기 때문이다. 자질구레한 그레이디언트 문법 전체를 다시 쓰지 않고 이 방식을 스타일시트에서 파란 버튼(**그림 3.5**)과 같은 다른 선택자에 재사용할 수 있다.

```
button {
  padding: 5px 10px;
  color: #fff;
  @include rounded(6px);
  @include linear-gradient(#42b3e2, #1a6798);
}
```

여러분도 알다시피 여기에서 사용한 선형 그레이디언트는 하나의 간단한 예다. 컬러 스톱color stop, 방사형 그레이디언트, 다방향 그레이디언트 등을 적용할 경우 CSS 그레이디언트는 더 복잡해질 수도 있다. 공통적으로 쓰이는 패턴을 뽑아 재사용 가능한 믹스인 안에 넣음으로써 Sass는 그런 상황을 훌륭하게 처리한다.

믹스인 라이브러리 만들기

믹스인은 정말 멋지다. 한 번 만들면 스타일시트 전체에서 여러 번 재사용할 수 있기 때문이다. 이런 믹스인은 여러 프로젝트에서 자주 사용되기도 한다. 여러분은 box-shadow, 그레이디언트, 트랜지션과 같은 공통된 CSS3 속성에 대해 그리고 자동 플로트 속성 해제, box-sizing, 폼 요소 등과 같은 패턴에 대해 믹스인을 만드는 자신의 모습을 보게 될 것이다. 또 이런 것을 한 번 만들고 나서 Sass를 사용하는 프로젝트에서 재사용할 수 있다면 효율적이지 않을까?

@import

자, @import 규칙을 살펴보자. Sass는 여러 개의 SCSS 파일을 불러올 수 있는 확장 능력이 있다. 불러온 파일들은 Sass가 컴파일할 때 CSS 파일 하나로 합쳐진다. 이는 여러 가지 면에서 유용하다.

- CSS가 한 개라는 것은 HTTP 연결 횟수가 줄어든다는 의미다. 웹사이트의 성능이 좋아진다!
- 레이아웃이나 페이지에 특화된 스타일과 상관없이 변수를 각 해당 파일에서 정의하고, 이후 필요할 때마다 불러올 수 있다.
- 불러온 SCSS 파일에 프로젝트 활성자인 믹스인을 넣어 공통으로 사용할 수 있다.

여기서 `@import`가 실제로 어떻게 작동하는지 살펴볼 수 있다. `mixins.scss` 파일이 있고 이 파일을 모든 프로젝트에서 불러오고 있다. 이 파일에 모든 프로젝트에서 사용할 몇 가지 공통된 패턴을 정의해놓았다. `mixins.scss` 안에 어떤 내용이 들어가는지 예를 살펴보자.

```scss
@mixin rounded($radius) {
  -webkit-border-radius: $radius;
     -moz-border-radius: $radius;
          border-radius: $radius;
}
@mixin shadow($x, $y, $blur, $color) {
  -webkit-box-shadow: $x $y $blur $color;
     -moz-box-shadow: $x $y $blur $color;
          box-shadow: $x $y $blur $color;
}
@mixin shadow-inset($x, $y, $blur, $color) {
  -webkit-box-shadow: inset $x $y $blur $color;
     -moz-box-shadow: inset $x $y $blur $color;
          box-shadow: inset $x $y $blur $color;
}
@mixin transition($property) {
```

```scss
    -webkit-transition: $property .2s ease;
       -moz-transition: $property .2s ease;
         -o-transition: $property .2s ease;
            transition: $property .2s ease;
}
@mixin box-sizing {
  -webkit-box-sizing: border-box;
     -moz-box-sizing: border-box;
          box-sizing: border-box;
}
@mixin linear-gradient($from, $to) {
  /* 하위 버전 브라우저 대비책 */
  background-color: $to;
  /* Mozilla Firefox */
  background-image: -moz-linear-gradient($from, $to);
  /* Opera */
  background-image:  -o-linear-gradient($from, $to);
  /* WebKit (Chrome 11+) */
  background-image:   -webkit-gradient(linear, »
    left top, left bottom, color-stop(0, $from), »
    color-stop(1, $to));
  /* WebKit (Safari 5.1+, Chrome 10+) */
  background-image: -webkit-linear-gradient($from, »
    $to);
  /* IE10 */
  background-image:  -ms-linear-gradient($from, $to);
  /* W3C */
  background-image:   linear-gradient($from, $to);
}
```

주된 스타일시트(이 경우에는 screen.scss) 상단에 전체 레이아웃과 다른 웹사이트에 특정화한 스타일을 정의하고 @import 규칙을 사용하여 이들을 불러와서 믹스인을 적용한다. 또한 모든 프로젝

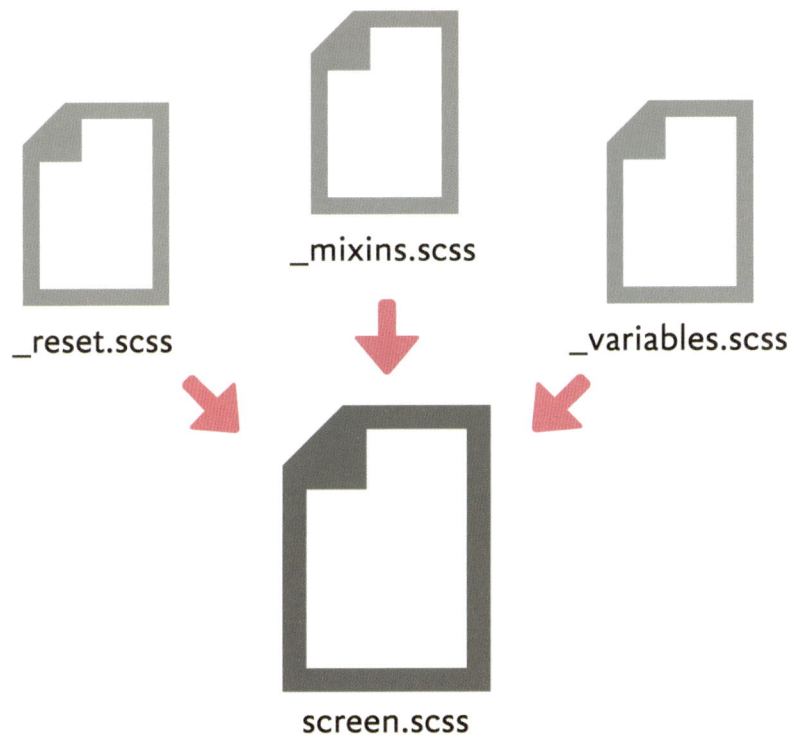

그림 3.6 @import를 사용하여 SCSS 덩어리들을 합쳐 하나의 파일로 만든다.

트에서 재사용되는 리셋 스타일시트와 웹사이트의 컬러, 서체 등에 관한 변수를 모아둔 파일을 불러온다(한 번 더 말하지만 HTTP 연결 횟수를 줄이고 똑같은 코드를 복사하고 붙여 넣는 작업을 피할 수 있다. (그림 3.6)). 이 방법은 다른 스타일시트(예를 들면 스타일 가이드가 적용된 동일한 프로젝트의 다른 페이지나 섹션)에 있는 똑같은 변수를 레이아웃의 나머지 부분을 제외하고 불러오게 해준다.

```
// 다른 파일 불러오기

@import "reset.scss";
@import "variables.scss";
@import "mixins.scss";

// 사이트에 특화된 스타일

.foo {
  ……
}
```

Sass가 screen.css 파일을 컴파일할 때 @import로 삽입된 파일들에서 필요한 모든 것을 출력 파일에 넣을 것이다. 그러므로 재사용 가능한 코드가 있는 여러 파일을 융통성 있게 하나의 파일에서 불러들이고 다운로드할 수 있는 장점이 있다.

컴퍼스 프레임워크

믹스인, 변수 파일, @import를 사용하여 강력한 CSS 프레임워크를 만들고 새 프로젝트를 시작할 때 시간을 많이 절약할 수 있다. 복잡하고 많은 양의 CSS3 코드와 자주 반복되는 패턴을 단번에 코드 한 줄로 바꿀 수 있는 것은 코드와 씨름하는 시간이 줄고 다른 작업을 할 시간이 생긴다는 뜻이다.

Sass의 이런 구조적 장점을 다음 단계로 가져간 것이 컴퍼스 Compass(http://bkaprt.com/sass/12/)다. 컴퍼스는 크리스 엡스타인Chris Eppstein(Sass의 핵심 멤버로 다재다능한 사람이다)이 만든 Sass 기반의 오픈소스 스타일시트 프레임워크다. 컴퍼스는 미리 작성된 수많은 CSS 패턴을 제공한다. 이들 패턴은 각 속성이 진화하면서 업데이트

그림 3.7 컴퍼스 웹사이트

되고 그에 맞추어 개발사 접두어도 삭제 가능하다. 컴퍼스는 스프라이트 이미지와 서체를 쉽게 작업하도록 해준다(그림 3.7).

여러분 자신만의 프레임워크를 만들기를 권장한다. 자신이 작성한 코드에서 어떤 일이 벌어지는지 이해할 수 있는 가장 좋은 방법이기 때문이다. 물론 다른 프레임워크를 사용해보는 것도 학습 차원에서 매우 유익하다. 이런 경험으로 여러분은 다른 이들이 어떻게 프로젝트를 설정하고 효율성을 높이는지 알게 될 것이다. 컴퍼스도 예외는 아니다.

그림 3.8 버번 웹사이트

버번 라이브러리

디자인/개발 회사 소트봇thoughtbot에서 버번Bourbon(http://bkaprt.com/sass/13/)이라 부르는 확장성 믹스인 라이브러리를 만들었다. 버번은 비터스bitters, 설탕, 과즙을 넣은 베르무트 칵테일과 함께 내가 즐겨 마시는 술 이름이다(그림 3.8).

조금만 검색해보면 도움을 받을 수 있는 Sass 사용자들을 만날 수 있다. 그들은 깃허브GitHub나 웹사이트에서 자신들이 만든 믹스인을 공유한다. 깔끔하게 보이지 않고 유지보수하기 어려운 CSS3 코드들을 이미 믹스인으로 작성해놓았다. 커뮤니티가 주는 이런 장점을 누리기 바란다.

그림 3.9, 3.10 새스콰치 레코드 웹사이트에 있는 두 가지 경고(위)와 알림(아래) 스타일

@extend

몇 가지 규칙만 제외하고 다른 클래스와 거의 똑같은 CSS 클래스를 작성해본 적 있는가? 다음의 예를 보면 웹 페이지 상단에 두 가지 옵션을 가진 경고/알림 메시지 스타일이 있다. 한 가지 스타일은 일반적인 경고에 관한 것(그림 3.9)이고, 다른 한 가지 스타일은 알림(그림 3.10)에 관한 것이다. 이 두 가지 스타일은 배경색만 제외하고 똑같다.

보통 경고에 관한 기본 클래스를 만든 후 배경색만 덮어씌워 두 번째 클래스를 만든다.

```html
<h2 class="alert alert-positive">This is a »
  positive alert! </h2>
```

각각의 스타일은 다음과 같이 설정된다.

```scss
.alert {
  padding: 15px;
  font-size: 1.2em;
  font-weight: normal;
  text-transform: uppercase;
  line-height: 1;
  letter-spacing: 3px;
  text-align: center;
  color: #fff;
  background: $color-accent;
  @include shadow(0, 1px, 2px, rgba(0,0,0,.5));
  @include rounded(10px);
}
.alert-positive {
  background: #9c3;
}
```

이렇게 작은 예외를 처리하려고 추가 클래스를 만들어 코드를 지저분하게 하는 것 대신에 Sass의 @extend 기능을 사용하면 여러 가지 선택자 중에 공통 스타일을 함께 묶을 수 있다. 그리고 덮어쓰기 규칙으로 공통 스타일을 중복 작성하지 않고 새롭고 하나뿐인 스타일을 만들 수 있다. @extend를 사용하여 두 가지 종류의 경고 메시지를 처리하고자 단 한 개의 클래스로 간단하게 마크업을 했다.

```html
<h2 class="alert-positive">This is a positive »
  alert! </h2>
```

이제 @extend를 사용하여 h2.alert 클래스의 스타일을 포함시키고 예외로 처리할 background-color를 넣는다.

```scss
.alert-positive {
  @extend .alert;
  background: #9c3;
}
```

Sass는 다음과 같이 확장된 클래스를 효율적으로 컴파일한다.

```css
.alert, .alert-positive {
  padding: 15px;
  font-size: 1.2em;
  font-weight: normal;
  text-transform: uppercase;
  line-height: 1;
  letter-spacing: 3px;
  text-align: center;
  color: #fff;
  background: #ea4c89;
    -webkit-box-shadow: 0 1px 2px rgba(0, 0, 0, »
        0.5);
       -moz-box-shadow: 0 1px 2px rgba(0, 0, 0, »
          0.5);
            box-shadow: 0 1px 2px rgba(0, 0, 0, »
              0.5);
  -webkit-border-radius: 10px;
     -moz-border-radius: 10px;
          border-radius: 10px;
}
.alert-positive {
  background: #9c3;
}
```

시작부터 이런 방식으로 CSS를 작성할 수도 있지만 @extend 문법은 작업 속도를 더 높여준다. 클래스 중에서 공통 스타일이 명확해지는 것은 말할 것도 없다. 코드의 흐름을 머릿속에서 제어하기도 훨씬 쉬워진다.

@extend를 사용하면 가시적인 것보다 의미에 집중하여 클래스의 이름을 짓는 시맨틱한 마크업을 더 간결하게 할 수 있다.

다중 @extend

여러분은 @extend로 하나의 선언 안에 여러 클래스를 넣어 각 클래스에 해당되는 모든 스타일을 불러와 묶을 수 있다.

```
.alert {
  padding: 15px;
  font-size: 1.2em;
  text-align: center;
  background: $color-accent;
}
.important {
  font-size: 4em;
}
.alert-positive {
  @extend .alert;
  @extend .important;
  background: #9c3;
}
```

이 코드는 다음과 같이 컴파일된다.

```
.alert, alert-positive {
```

```
    padding: 15px;
    font-size: 1.2em;
    text-align: center;
    background: #ea4c89;
  }
  .important, .alert-positive {
    font-size: 4em;
  }
  .alert-positive {
    background: #9c3;
  }
```

Sass는 선택자들을 콤마로 구분하여 스타일을 공유하고 예외 처리를 위해 선언을 하나만 만들어 코드를 효율적으로 체계화한다.

@extend로 플레이스홀더 선택자 사용하기

여러분이 확장시킨 클래스가 오로지 다른 스타일을 확장하려는 목적이라면 어떨까? 다시 말해 자체로는 사용되지 않는 클래스 하나를 만들 수 있다.

플레이스홀더 선택자를 살펴보자. 플레이스홀더 선택자로 출력된 CSS 파일에 보이지 않는 '유령' 클래스를 만들 수 있다. @extend를 활용하여 플레이스홀더 선택자를 참조할 수 있다.

실제로 코드를 알아보자. 버튼을 표시하는 스타일 블록에 대한 클래스 하나를 만들고 플레이스홀더 선택자를 사용할 것이다. Sass에서 '.' 대신 '%'를 클래스 이름 앞에 붙여 플레이스홀더를 표시해준다.

```scss
%button {
  padding: 10px;
  font-weight: bold;
  background: blue;
  border-radius: 6px;
}
```

전에 했던 것처럼 `@extend`를 사용하여 다른 클래스에서 이 규칙을 부를 수 있다.

```scss
.buy {
  @extend %button;
}
.submit {
  @extend %button;
  background: green;
}
```

Sass는 이 코드를 하나의 확장된 클래스처럼 컴파일할 것이다. 하지만 `%button` 플레이스홀더의 규칙은 출력 파일에 나타나지 않는다.

```scss
.buy, .submit {
  padding: 10px;
  font-weight: bold;
  background: blue;
  border-radius: 6px;
}
.submit {
  background: green;
}
```

사용되지 않는 플레이스홀더 클래스는 컴파일된 스타일시트에서 보이지 않기 때문에(예를 들어 프레임워크, 스타일 가이드 또는 초기 템플릿에서) 사용이 불확실한 디자인 패턴에 대해 스타일 블록을 만들 수 있게 도와준다.

@extend 대 @mixin

결과적으로 믹스인은 선언마다 똑같은 규칙을 반영할 것이고 @extend는 공통 스타일에 대해 다수의 콤마로 구분된 선택자들로 반영할 것이다. 둘 중 어느 것을 사용해야 할지 고민스러울 때 이 차이점을 떠올리기를 바란다.

예를 들어 믹스인을 과도하게 사용하면 CSS 파일의 코드가 장황해진다. Sass에서 믹스인을 호출할 때마다 믹스인 내용이 컴파일된 CSS 파일에 보이기 때문이다. 믹스인을 스타일시트 전반에 걸쳐 반복적으로 사용하면 어떻게 컴파일될지 염두에 두어라. 믹스인보다 @extend를 쓰거나 차라리 반복되는 스타일을 클래스로 변환하여 마크업에서 재사용하는 것이 더 좋은지도 고민해야 한다.

@extend를 너무 많이 쓰지 마라

@extend는 클래스 간에 스타일을 공유할 수 있는 효과적인 방법이다. 하지만 주의해야 한다. 과도하게 쓰면 컴파일된 CSS 코드를 다루기가 더 어려워질 수도 있다. 스타일시트 전체에서 똑같은 클래스를 반복하여 확장하면 결과적으로 선언이 거대해진다. Sass를 사용할 때는 최종 단계에서 컴파일될 CSS 코드가 어떻게 보일지 쉽게 잊는다. Sass 코드가 어떻게 출력될지 계속 확인해야 한다.

이제 여러분은 Sass를 마음껏 다룰 수 있다! 지금까지 Sass의 기초에 대해 살펴보았다. 설정은 어떻게 하는지, 문법은 어떤 식으로 작동하는지, 자신의 코딩 습관과 어떻게 잘 맞을지, 중첩·변수·믹스인·`@extend`를 이용하여 핵심 기능을 어떻게 활용할지 말이다.

더 깊이 알고 싶다면 Sass는 더 많은 것을 알려줄 것이다. 4장에서는 Sass가 어떻게 반응형 디자인과 미디어 쿼리 작업에 사용되는지 살펴볼 것이다. 자, 그럼 시작해보자.

4 SASS와 미디어 쿼리

나는 Sass의 기초에 중점을 두고 Sass 때문에 여러분의 워크플로가 망가지지 않는다는 것을 증명하고자 했다. 이 장에서는 복잡한 CSS의 작업을 훨씬 간단하게 해주는 Sass와 미디어 쿼리의 고급 기술에 관해 이야기하고자 한다.

Sass는 기대에 충분히 부응할 만큼 효과적이다. 변수와 믹스인 한두 개만으로도 작업은 훨씬 편해질 것이다. 하지만 원한다면 그 이상으로 활용할 수 있다. 반응형이면서 고해상도를 지원하는 프로젝트의 웹사이트를 구축하는 데 Sass를 어떻게 사용하는지, 용량이 방대한 코드를 어떻게 수월하게 유지보수할 수 있는지 이야기하겠다.

미디어 쿼리 중첩하기

CSS 미디어 쿼리는 반응형 웹사이트를 만드는 데 필요한 기본 기술 중 하나다. 브라우저 창의 크기 변화를 '감지'하여 크기마다 설정된 스타일을 적용하는 이 방법은 다양한 기기에 대응되는 가변 레이아웃을 제작하기 위한 초석이 된다.

예를 들어 브라우저 창 너비가 800픽셀 이하고 콘텐츠 너비를 이에 맞게 조정하고 싶다면 다음과 같이 미디어 쿼리를 사용할 수 있다.

```
section.main {
  float: left;
  width: 65%;
  font-size: 16px;
  line-height: 1.4;
}
@media screen and (max-width: 800px) {
  section.main {
    float: none;
    width: auto;
  }
}
```

Sass에서는 원래의 선언 안에 미디어 쿼리를 중첩할 수 있다. 이렇게 중첩된 코드는 스타일시트가 컴파일될 때 분리된 선언으로 '분배'될 것이다. 멋지지 않은가!

```
section.main {
  float: left;
  width: 65%;
  font-size: 16px;
```

```
    line-height: 1.4;

    @media screen and (max-width: 800px) {
      float: none;
      width: auto;
    }

    @media screen and (max-width: 500px) {
      font-size: 12px;
      line-height: 1.4;
    }
  }
```

앞의 코드는 다음과 같이 컴파일된다.

```
section.main {
  float: left;
  width: 65%;
  font-size: 16px;
  line-height: 1.4;
}
@media screen and (max-width: 800px) {
  section.main {
    float: none;
    width: auto;
  }
}
@media screen and (max-width: 500px) {
  section.main {
    font-size: 12px;
    line-height: 1.4;
  }
}
```

다양한 중단점breakpoint을 수정할 때마다 미디어 쿼리를 중첩하면 선택자(예제에서 section.main)를 반복하여 작성하지 않아도 된다.

이렇게 미디어 쿼리 선언을 원래의 선택자 바로 아래 끼워 넣는 것은 매우 편리하다. 미디어 쿼리를 이렇게 코드에 중첩하면 브라우저 크기가 변할 때마다 요소가 어떻게 변하는지 이해하기 쉽다. 이것은 미디어 쿼리를 문서 끝이나 별도의 파일에 모아놓는 것보다 나은 방식이다.

중단점 변수로 설정하기

이런 Sass의 미디어 쿼리 작성방식으로 반응형 작업이 훨씬 수월해졌지만 여전히 반복되는 코드가 남아 있다. 각 선언에 중단점을 명시한다(예제에서 800px과 500px). 나는 가끔 디자인 작업을 하면서 고정된 기기 해상도에 맞추어 작업하지 않고 작업 중인 특정 디자인과 레이아웃이 어떻게 보이는지 관찰하면서 그 중단점을 변경한다. 다시 말하면 모든 중첩된 미디어 쿼리에서 명시한 중단점은 바뀔 수 있다. 중단점들을 단 한 번만 정의하고 한 곳에서만 수정한다면 굉장히 좋을 것 이다. Sass 변수가 해결사다!

미디어 쿼리에서 사용할 세 개의 중단점을 변수로 만들어보자. 각 변수의 이름은 특정 기기나 한정된 값과 무관하게 융통성 있는 이름으로 지을 것이다.

```
$width-small: 500px;
$width-medium: 800px;
$width-large: 1200px;
```

중단점을 Sass의 변수로 설정함으로써 문서에서 중첩된 미디어 쿼리를 사용할 때마다 해당 변숫값을 참조하게 할 수 있다. 다음 예를 살펴보자.

```
section.main {
  font-size: 16px;
  line-height: 1.4;

  @media screen and (max-width: $width-large) {
    float: left;
    width: 65%;
  }

  @media screen and (max-width: $width-medium) {
    float: none;
    width: auto;
  }

  @media screen and (max-width: $width-small) {
    font-size: 12px;
    line-height: 1.4;
  }
}
```

앞의 코드는 다음과 같이 컴파일된다.

```
section.main {
  font-size: 16px;
  line-height: 1.4;

  @media screen and (max-width: 1200px) {
    float: left;
    width: 65%;
```

```
    }

    @media screen and (max-width: 800px) {
      float: none;
      width: auto;
    }

    @media screen and (max-width: 500px) {
      font-size: 12px;
      line-height: 1.4;
    }
  }
```

나중에 중단점을 수정할 경우 변숫값을 딱 한 번만 고치면 된다. 그러면 Sass가 알아서 그 값이 사용된 모든 곳을 업데이트할 것이다.

```
$width-small:    400px;
$width-medium:   760px;
$width-large:    1100px;
```

이 방법은 반응형 웹디자인 개발 초기 단계에 굉장히 도움이 된다. 이 시점에서 디자인 요구 사항과 디자인을 맞추는 방식에 따라 중단점이 수시로 변경되기 때문이다.

심지어 연산도 가능하여 중단점의 값을 더하거나 뺄 수 있다.

```
@media screen and (max-width: $width-small + 1) {
  font-size: 12px;
  line-height: 1.4;
}
```

앞의 코드는 다음과 같이 컴파일된다.

```
@media screen and (max-width: 401px) {
  font-size: 12px;
  line-height: 1.4;
}
```

반대의 경우다.

```
@media screen and (max-width: $width-small - 1) {
  font-size: 12px;
  line-height: 1.4;
}
```

앞의 코드는 다음과 같이 컴파일된다.

```
@media screen and (max-width: 399px) {
  font-size: 12px;
  line-height: 1.4;
}
```

좀더 응용하자면 숫자로 된 값뿐 아니라 미디어 쿼리 전체를 변수로 지정할 수 있다.

```
$mobile-first: "screen and (min-width: 300px)";

@media #{$mobile-first} {
  #content {
    font-size: 14px;
    line-height: 1.5;
```

      }
    }

$mobile-first 변수를 감싸는 코드인 삽입용 괄호 #{}를 주목하기 바란다. 이는 Sass가 선택자나 속성 이름 안에 있는 내용을 컴파일하도록 알려주는 특수한 방식이다.

앞의 SCSS 코드는 다음과 같이 컴파일된다.

```
@media screen and (min-width: 300px) {
  #content {
    font-size: 14px;
    line-height: 1.5;
  }
}
```

선언 안에서 미디어 쿼리를 중첩시킬 때 변수를 사용하면 반복되는 작업을 많이 줄일 수 있다. 하지만 @content 블록을 사용하면 이보다 더 단순하게 만들 수도 있다. Sass 3.2에서 소개했다.

@content 블록과 믹스인 결합시키기

Sass의 @content 지시자를 사용하여 스타일 블록 전체를 믹스인으로 넘길 수 있다. Sass는 컴파일하면서 그 블록을 믹스인을 호출하는 선언 안에 다시 넣을 것이다. 복잡하게 들리겠지만 실제는 간단하고 편리한 방법이다.

서로 다른 세 개의 중단점을 가진 반응형 믹스인을 만들고 각 중단점에 포함시킬 스타일을 @content에 담아 제어한다. 이 장의 앞부분에서 사용했던 것처럼 변수를 사용하여 small, medium, large 세 개의 중단점 너비를 정의한다.

```scss
$width-small:   400px;
$width-medium: 760px;
$width-large:  1200px;

@mixin responsive($width) {
  @if $width == wide-screens {
    @media only screen and (max-width: $width-large) »
      { @content; }
  }
  @else if $width == medium-screens {
    @media only screen and (max-width: $width-medium) »
      { @content; }
  }
  @else if $width == small-screens {
    @media only screen and (max-width: $width-small) »
      { @content; }
  }
}
```

Sass가 `@if`와 `@else` 문을 지원하는 것을 눈여겨보기 바란다. 믹스인을 삽입할 때 넘겨줄 `$width` 변숫값을 확인하기 위해 이것을 사용할 것이다. 예를 들어 믹스인에 `medium-screen` 변수를 넘겨주면 Sass는 `$width-medium` 변수에 설정한 값인 `760px`을 `max-width`에 넣어 미디어 쿼리를 컴파일할 것이다. `@content`는 더 나아가 미디어 쿼리를 삽입할 믹스인에 스타일 블록을 넘겨줄 수 있다.

한 번만 믹스인을 설정하여 자신이 생각하는 간결한 패턴을 사용하면 어떤 선언에서도 코드를 호출할 수 있다.

```scss
#content {
  float: left;
  width: 70%;
  @include responsive(wide-screens) {
    width: 80%;
  }
  @include responsive(medium-screens) {
    width: 50%;
    font-size: 14px;
  }
  @include responsive(small-screens) {
    float: none;
    width: 100%;
    font-size: 12px;
  }
}
```

앞의 코드는 다음과 같이 컴파일된다.

```css
#content {
  float: left;
  width: 70%;
}
@media only screen and (max-width: 1200px) {
  #content {
    width: 80%;
  }
}
@media only screen and (max-width: 760px) {
  #content {
    width: 50%;
    font-size: 14px;
  }
```

```
  }
  @media only screen and (max-width: 400px) {
    #content {
      float: none;
      width: 100%;
      font-size: 12px;
    }
  }
```

정말 멋지지 않은가! Sass는 어떤 스타일이라도 미디어 쿼리에 넘겨줄 수 있고 컴파일하면서 각 선언을 각각의 올바른 자리에 재배치해준다. @content 블록을 사용하여 문맥의 흐름 안에 미디어 쿼리를 작성하면 반복된 코드가 줄고 반응형 디자인 작업이 간단해진다.

또한 각 기기의 화면 너비에 따라 어떤 요소가 어떻게 조정되어 보일지 좀더 쉽게 알 수 있다. 예를 들어 브라우저 창의 너비가 좁아질수록 헤딩의 텍스트 크기가 다양해지는 것처럼 말이다. 모든 진행과정이 한곳에서 상세히 기술된다.

```
  h1 {
    font-size: 40px;
    @include responsive(wide-screens)   { font-size: »
      48px; }
    @include responsive(medium-screens) { font-size: »
      32px; }
    @include responsive(small-screens)  { font-size: »
      20px; }
  }
```

앞의 코드는 다음과 같이 컴파일된다.

```
h1 {
  font-size: 40px;
}
@media only screen and (max-width: 1200px) {
  h1 {
    font-size: 48px;
  }
}
@media only screen and (max-width: 760px) {
  h1 {
    font-size: 32px;
  }
}
@media only screen and (max-width: 400px) {
  h1 {
    font-size: 20px;
  }
}
```

출력될 코드를 염두에 두고 작업하기

이와 같은 방법을 사용하면 결과적으로 컴파일된 CSS에서 하나하나의 선택자마다 반복되는 미디어 쿼리가 많아진다. 이상적으로는 Sass에서 미디어 쿼리를 중첩시켜 규칙들을 한 장소에 모으고 문맥상 계속 연결되도록 하는 것이 좋다. 그 후 컴파일될 때 미디어 쿼리가 공통적으로 이용되도록 그룹화하는 것이다.

예를 들면,

```
blockquote {
  width: 100%;
  @include responsive(wide-screens) { width: 80%; }
```

```
}
figure {
  margin: 0 0 20px 0;
  @include responsive(wide-screens) { margin: 0 0 »
    30px 0; }
}
```

더 효과적으로 컴파일하려면 공통된 규칙을 하나의 미디어 쿼리에 넣어 감싸준다.

```
blockquote {
  width: 100%;
}
figure {
  margin: 0 0 20px 0;
}

@media only screen and (max-width: 1200px) {
  blockquote {
    width: 80%;
  }
  figure {
    margin: 0 0 30px 0;
  }
}
```

반응형 디자인이고 다양한 브라우저에 대한 미디어 쿼리가 있는 대용량 스타일시트에 이 방법은 컴파일된 CSS 파일의 크기를 상당히 많이 줄여준다. 안타깝게도 Sass는 아직 이렇게 '한데 모아진 미디어 쿼리 버블링aggregated media query bubbling'(내가 만든 단어다)을 제공하지 않는다. 그렇더라도 대부분의 프로젝트에서 미디어 쿼리를 인지

그림 4.1, 4.2 일반 해상도(왼쪽)와 레티나 버전(오른쪽)의 로고

하기 좋게 일렬로 중첩하는 방식을 사용하는 것이 컴파일되어 용량이 좀더 커지더라도 감수할 만한 가치가 있다. 그러므로 아직은 이 방식대로 해야 한다.

고해상도의 '레티나' 배경 이미지

웹디자이너의 일이 마치 단순하다는 듯이 레티나 화면의 증가로 또 다른 도전이 주어졌다. 예를 들면 애플의 화려한 레티나 화면은 일반 화면보다 1인치에 들어가는 픽셀이 두 배로 높다. 흐릿한 픽셀에 작별을 고하고 아름답도록 선명한 화면을 맞이한다는 뜻이다! 하지만 이 극도로 선명한 세상을 반영하는 그래픽 이미지를 만들려면 시간을 들여야 한다.

페이지에 `<img>` 요소가 있는 경우에는 보통 이미지를 두 배만큼 크게 만들고 마크업에서 `width` 속성을 이용하여 절반으로 줄인다. 그렇지 않으면 스콧 젤Scott Jehl의 훌륭한 픽처필Picturefill 프로젝트(http://bkaprt.com/sass/14/)처럼 미디어 쿼리와 자바스크립트를 이

그림 4.3 새스콰치 레코드 사이트의 사이드바에 있는 소셜네트워크 링크

용하여 이미지 크기를 선택적으로 세밀하게 다룬다.

레티나 이미지를 다루는 예로 133×121픽셀 크기의 새스콰치 레코드 로고를 살펴보자(그림 4.1). 더 많은 수의 픽셀을 지원하는 디바이스를 위해 두 배 더 큰 이미지(266×242)를 만들고 마크업에서 너비를 133픽셀로 줄이면 두 배 더 선명하게 보일 것이다(그림 4.2).

```
<img src="-/img/logo-peek-2x.png" width="133" />
```

배경 이미지에 간단히 CSS 미디어 쿼리(이를 지원하는 최신 브라우저에서)를 사용하여 해상도가 레티나인지 아닌지를 판단하고 그에 따라 이미지 크기를 맞출 수 있다.

새스콰치 레코드 사이트에는 사이드바에 조그만 소셜네트워크 아이콘 링크 목록이 있다. 각 아이콘은 배경 이미지를 사용하며 스타일시트에 구체적으로 명시되어 있다(그림 4.3). 드리블Dribbble 링크에서 일반 해상도의 아이콘을 텍스트 왼쪽에 정렬하는 CSS는 다음과 같다.

```
ul.follow li.dribbble a {
  padding-left: 30px;
  background-repeat: no-repeat;
  background-position: 0 50%;
  background-image: url(../img/icon-dribbble.png);
}
```

레티나 디스플레이를 위해서는 크기가 두 배 되는 이미지를 사용하여 아이콘을 덮어쓰고 CSS3의 background-size 속성을 사용하여 알맞은 크기로 '줄여'준다. 디스플레이가 레티나인지 감별하는데 미디어 쿼리와 CSS3의 min-device-pixel-ratio 속성을 사용한다(브라우저 개발사마다 차이가 있다).

```
@media (-webkit-min-device-pixel-ratio: 1.5),
       (min--moz-device-pixel-ratio: 1.5),
       (-o-min-device-pixel-ratio: 3/2),
       (min-device-pixel-ratio: 1.5),
       (min-resolution: 1.5dppx) {
  ul.follow li.dribbble a {
    padding-left: 30px;
    background-repeat: no-repeat;
    background-position: 0 50%;
    background-image: url(../img/icon-dribbble-2x.png);
    -webkit-background-size: 24px 24px;
       -moz-background-size: 24px 24px;
            background-size: 24px 24px;
  }
}
```

일반 밀도의 1.5배 이상 되는 디스플레이의 픽셀 비율이라면 좀 더 큰 48×48 아이콘(icon-dribbble-2x.png)을 사용하고 화면에 보

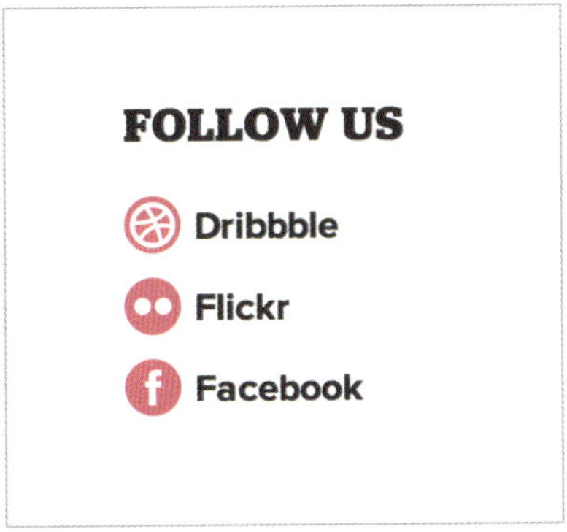

그림 4.4 Sass로 만든 깔끔한 레티나 아이콘

일 때는 24×24로 작게 줄인다.

레티나 디스플레이에서 아이콘을 볼 때 차이점은 놀랄 만큼 선명하다는 것이다. 가장자리의 흐릿한 느낌은 사라지고 없다(그림 4.4).

예상할 수 있듯이 인터페이스를 '레티나'로 만드는 방법은 미디어 쿼리로 기본 크기의 배경 이미지를 두 번째 이미지로 덮어쓰기 하여 반복이 누적되는 결과를 만든다. 이때 Sass로 그것을 수월하게 할 수 있다.

거대한 양의 코드를 다루거나 심지어 두 개의 다른 파일명을 능숙하게 연결하는 것까지도 Sass의 믹스인으로 할 수 있다.

일상 프로젝트에서 사용하는 retinize 믹스인을 각각 중요한 부분으로 나누어 설명하겠다.

```
@mixin retinize($file, $type, $width, $height) {
  background-image: url('../img/' + $file + '.' »
    + $type);

  @media  (-webkit-min-device-pixel-ratio: 1.5),
```

```
            (min--moz-device-pixel-ratio: 1.5),
            (-o-min-device-pixel-ratio: 3/2),
            (min-device-pixel-ratio: 1.5),
            (min-resolution: 1.5dppx) {
      & {
        background-image: url('../img/' + $file + »
          '-2x.' + $type);
        -webkit-background-size: $width $height;
           -moz-background-size: $width $height;
                background-size: $width $height;
      }
    }
  }
```

믹스인의 첫째 줄에서 제대로 컴파일된 코드를 만들기 위해 필요한 네 개의 인자를 설정한다.

- 파일명
- 이미지 형식(JPG, GIF, PNG)
- 화면에서의 이미지 너비
- 화면에서의 이미지 높이

네 개의 인자는 다음과 같이 나열된다.

```
@mixin retinize($file, $type, $width, $height) {
```

레티나용 믹스인을 호출하는 것은 원할 때마다 네 개의 인잣값을 끼워 넣는 것과 같이 단순하다. 예를 들어 드리블 아이콘에 관한 믹스인을 불러보자. 이 아이콘은 24×24의 PNG 파일로 보여야 한다.

```
li.dribbble a {
  @include retinize('icon-dribbble', 'png', 24px, 24px);
}
li.flickr a {
  @include retinize('icon-flickr', 'png', 24px, 24px);
}
li.facebook a {
  @include retinize('icon-facebook', 'png', 24px, 24px);
}
```

다시 믹스인으로 돌아가자. 두 번째 줄에서 인잣값들을 모두 연결하여 일반 해상도의 background-image 규칙을 만든다. Sass에서는 연결할 수 있다!

```
background-image: url('../img/' + $file + '.' + $type);
```

이미지에 파일 경로를 추가하고 파일명과 마침표, 파일 확장자를 써준다. 앞의 코드는 다음과 같이 컴파일된다.

```
background-image: url(../img/icon-dribbble.png);
```

기본 배경 이미지를 정해놓고 픽셀 밀도를 1.5배율 이상 지원하는 기기를 위해 @2x 버전의 이미지로 덮어쓰기할 미디어 쿼리를 추가한다. 가능한 한 여러 브라우저에서 잘 동작하도록 모든 제조사 접두어 속성도 넣는다.

```
@mixin retinize($file, $type, $width, $height) {
  background-image: url('../img/' + $file + '.' »
    + $type);
```

```
@media  (-webkit-min-device-pixel-ratio: 1.5),
        (min--moz-device-pixel-ratio: 1.5),
        (-o-min-device-pixel-ratio: 3/2),
        (min-device-pixel-ratio: 1.5),
        (min-resolution: 1.5dppx)
  & {
    background-image: url('../img/' + $file + »
      '-2x.' + $type);
  }
 }
}
```

다음으로 미디어 쿼리를 적용할 선택자를 참조할 방법이 있어야 한다. 이는 믹스인이 어디에서 호출되느냐에 따라 결정된다. 다행히 앞 장에서 살펴본 특별한 & 플레이스홀더를 사용할 수 있다. &는 '현재 선택자'를 넣어준다(예제에서 li.dribbble a).

```
@mixin retinize($file, $type, $width, $height) {
  background-image: url('../img/' + $file + '.' »
    + $type);

  @media  (-webkit-min-device-pixel-ratio: 1.5),
          (min--moz-device-pixel-ratio: 1.5),
          (-o-min-device-pixel-ratio: 3/2),
          (min-device-pixel-ratio: 1.5),
          (min-resolution: 1.5dppx) {
    & {
      background-image: url('../img/' + $file + »
        '-2x.' + $type);
    }
  }
}
```

또한 Sass의 연결방식을 이용하여 큰 이미지를 참조해야 할 경우 파일명 끝에 -2x를 붙이는 것을 보기 바란다. 이와 같이 명명 규칙을 정해놓는 것은 좋은 생각이다. 짧은 텍스트는 Sass에서 이미지 파일 관리와 파일명 지정을 더 쉽게 해준다.

- 일반 이미지: file-name.png
- 레티나 @2x 이미지: file-name-2x.png

꼭 -2x를 사용하지 않아도 된다. file-name-jumbo, file-name-twice-as-big, file-name-at-two-times 등 원하는 대로 정하면 된다. 내 생각에는 -2x 정도면 적당하다.

이 믹스인에서 마지막으로 살펴볼 부분은 background-size 속성 (-webkit-, -moz- 접두어도 함께)이다. 이 속성은 더 큰 이미지를 웹 브라우저에 어떤 크기로 보여줄 것인지 알려주는 역할을 한다.

```
@mixin retinize($file, $type, $width, $height) {
  background-image: url('../img/' + $file + '.'
    + $type);

  @media  (-webkit-min-device-pixel-ratio: 1.5),
          (min--moz-device-pixel-ratio: 1.5),
          (-o-min-device-pixel-ratio: 3/2),
          (min-device-pixel-ratio: 1.5),
          (min-resolution: 1.5dppx) {
    & {
      background-image: url('../img/' + $file +
        '-2x.' + $type);
      -webkit-background-size: $width $height;
        -moz-background-size: $width $height;
```

```
            background-size: $width $height;
        }
      }
    }
```

이것이 전부다. 단지 두 개의 이미지와 한 줄의 SCSS를 만들어서 어떤 선택자에서든지 레티나 배경 이미지를 지정하고 재사용할 수 있는 믹스인이다.

```
li.dribbble a {
  @include retinize('icon-dribbble', 'png', 24px, »
    24px);
}
```

믹스인 안의 믹스인!

믹스인은 다른 믹스인을 포함시킬 수 있다. 만약 여러분이 이를 시도한다면 믹스인셉션mixinception[1]이 될 것이다. 걱정하지 않아도 된다. 그 몽상의 세계가 폭발할 일은 없을 테니까! 사실 제조사 접두어인 min-device-pixel-ratio를 변수로 만들고 background-size 속성을 믹스인으로 만들어주는 식의 DRY 원칙을 적용하여 한 단계 더 코드를 줄일 수 있다. 그 후 분리된 공통 부분은 스타일시트의 다른 섹션이나 믹스인에서 재사용될 수 있다. 이 방식의 또 다른 장점은 제조사 접두어의 속성을 한곳에 모아둔다는 것이다. 명세가 변경되거나 접두어가 필요하지 않으면 그 속성을 수정하거나 삭제할 수 있다(이를 축하하는 날은 오지 않을 것이다).

---

1 믹스인과 영화 '인셉션'의 합성어

먼저 미디어 쿼리에 있는 픽셀의 밀도 부분을 재사용 가능한 변수로 바꾸어보자. 이번 장에서 언급했듯이 선택자의 위치에 보일 변수는 특수 삽입 문자로 감싸야 한다.

```scss
@mixin retinize($file, $type, $width, $height) {
  background-image: url('../img/' + $file + '.' »
    + $type);

  @media #{$is-hidpi} {
    & {
      background-image: url('../img/' + $file + »
        '-2x.' + $type);
      -webkit-background-size: $width $height;
        -moz-background-size: $width $height;
             background-size: $width $height;
    }
  }
}
```

다음으로 픽셀 밀도에 관한 규칙 더미를 변수로 정의할 것이다. 이 변수는 필요하면 스타일시트 어디서나 재사용이 가능하다.

```scss
$is-hidpi: "(-webkit-min-device-pixel-ratio: 1.5), »
  (min--moz-device-pixel-ratio: 1.5), »
  (-o-min-device-pixel-ratio: 3/2), »
  (min-device-pixel-ratio: 1.5),(min-resolution: »
  1.5dppx)";
```

`background-size`에 대한 믹스인을 만들어보자. 이 믹스인은 `width`와 `height` 속성을 가지고 있으며 제조사 접두어가 없는 '진

짜real' 속성과 제조사 접두어 속성을 넣는다. 선택자에서 background-size 속성을 사용하고 싶을 때마다 이 믹스인을 부를 수 있다.

```
@mixin background-size($width, $height) {
  -webkit-background-size: $width $height;
     -moz-background-size: $width $height;
          background-size: $width $height;
}
```

이 background-size 믹스인을 retinize 믹스인 안에 넣어보자. $width와 $height 변수를 넣어 이미 앞에서 받은 값을 차례대로 전달해준다.

```
@mixin retinize($file, $type, $width, $height) {
  background-image: url('../img/' + $file + '.' »
    + $type);

  @media #{$is-hidpi} {
    & {
      background-image: url('../img/' + $file + »
        '-2x.' + $type);
      @include background-size($width, $height);
    }
  }
}
```

코드가 완성되었다. 다른 스타일이나 믹스인에서 재사용될 수 있는 코드를 넣고자 초기 retinize 믹스인의 코드 구조를 재조정했다. 이런 식으로 Sass 전체에서 반복되는 코드의 양을 줄이고 향후 업데이트와 유지보수를 위해 반복되는 스타일을 가능한 한 적은 곳에 유지할 수 있다.

마무리하기

이 작은 핑크색 책을 읽고 난 후 여러분이 Sass를 다루기 시작하고, 그 핵심 기능에 친숙해지기를 바란다. 더불어 Sass가 종종 받는 다음과 같은 오해가 풀렸으면 한다.

- 루비 언어를 배워야 한다.
- 전체 CSS 작성방식을 바꿔야 한다.
- 명령행을 사용할 줄 아는 전문가여야 한다.

앞서 언급했듯이 이보다 훨씬 간단하다. Sass는 여러분이 활용하고자 하는 만큼 효과적으로 사용할 수 있다. 적어도 여러분의 시스템과 잘 어울릴 수 있는 환상적인 도구이며 그 워크플로는 수년 동안(수개월 동안 작성해왔다면 수개월일 것이다!) 작성해온 CSS 작업방식을 방해하지 않는다.

이제 여러분의 스타일시트를 재사용할 수 있는 Sassy CSS 블록으로 간결하게 만들고 늘어만 가던 작업시간을 줄이기를 바란다. 무엇보다 가장 중요한 점은 멋진 웹사이트를 만드는 것이다!

감사의 글

먼저 가장 많이 감사의 말을 전하고 싶은 사람은 드리블에 있는 나의 파트너 리치 소넷이다. 나와 함께 작은 디자인 커뮤니티를 꾸려 가면서 Sass의 사용을 주저하던 나를 끊임없이 자극하고 전도해서 변화시켰다. 꼬박 1년이 걸렸다. 리치의 인내에 고마움을 전한다!

또 한 권의 책을 낼 수 있게 해준 어 북 어파트에 고마움을 전한다. 환상적인 팀이다. 솔직히 말하면 다른 곳에서 글을 쓰는 일은 상상조차 하기 힘들다. 독자와 저자 모두에게 멋진 책을 만들어준 맨디 브라운, 제이슨 샌타마리아, 제프리 젤드먼에게 감사의 말을 전한다.

특히 총괄 관리자인 케이틀 르두에게도 고마움을 전한다. 모든 것을 질서 정연하게 유지해주었다. 결코 만만치 않은 일임을 잘 안다. 함께 일할 수 있어서 큰 영광이자 기쁨이었다.

실제 나의 실력보다 더 훌륭한 저자로 보이게 해준 에린 키산에게도 감사하다. 그와 함께 작업할 수 있다는 것은 영광이다. 그리고 훌륭한 편집자이자 Sass 공화국의 대사가 되어준 지나 볼턴에게도 고마움을 전한다.

Sass를 창안한 햄프턴 캐틀린과 Sass를 개발하고 이제 없어서는 안 될 도구가 되게 해준 네이선 바이첸바움과 크리스 엡스타인에게도 무한한 감사의 말을 전한다. 마지막으로 이 책을 읽어준 여러분께 고마움을 전한다.

옮긴이의 글

해외에서는 Sass, LESS, 스타일러스와 같은 CSS 전처리기를 많이 사용하지만 국내에서는 그 사례가 드물고 사용 경험을 가진 개발자를 찾아보기도 어려웠습니다. 작업방식의 변화에 대한 두려움과 CSS 작성을 도와줄 도구에 대한 필요성을 크게 느끼지 못한 점이 그 이유가 아닐까 싶습니다.

디자이너이자 개발자인 댄 시더홈은 이런 작업자의 정서를 잘 알고 있습니다. 작업자가 우려하는 부분을 정확히 짚어주어 안심시키면서 Sass를 사용하여 손쉽게 누릴 수 있는 장점을 설명해줍니다. Sass의 많은 기능 중에서 의도적으로 Sass의 복잡한 수식과 함수를 배제하여 Sass를 처음 접하는 사람도 마음 편히 그의 안내에 따라 Sass에 입문할 수 있습니다.

작업에 신기술을 적용하는 것은 개발자의 단조로운 일상에 새로운 활력을 더해주는 단비와도 같습니다. 그 신기술이 매일 반복하는 작업을 편리하게 해주는 것이라면 더할 나위 없겠지요. 여러분도 Sass를 통해 그런 기쁨을 누리시길 바랍니다.

2014년에

윤원진

감수자의 글

CSS는 배우기 쉽고 재미있는 언어이지만 구조가 단순하고 코드가 반복됩니다. CSS3의 등장과 웹사이트의 개발 범위가 모바일까지 확장되면서 CSS 코드는 점점 복잡해지고 관리도 어려워지고 있습니다. 지난 10여 년간 CSS를 능숙하게 다룬 댄 시더홈은 처음에는 Sass를 적극적으로 받아들이지 않았지만 지금은 Sass를 프로젝트에 도입하라고 권장합니다. 도대체 무엇이 그의 완고한 마음을 움직여서 Sass를 사용하라고 외치게 만든 것일까요?

'CSS를 확장한 언어'인 Sass는 CSS의 부족한 부분을 채워주는 강력한 도구입니다. 재사용 가능한 모듈을 활용하여 생산성을 높이고 편리하게 유지보수할 수 있습니다. 압축된 스타일 형식으로 출력 파일을 만들어서 웹사이트의 성능을 최적화할 수 있습니다. 독자 여러분도 저와 같이 'Sass의 매력'에 빠지리라 믿습니다. 이 책은 국내에서 'Sass의 대중화 바람'을 불러일으킬 '첫 날갯짓'이 될 것입니다. 여러분도 동참하시길 바랍니다.

야무(지훈)

강원대학교 산업디자인과(시각디자인 전공)를 졸업했고 실무자를 대상으로 한 교육 현장의 최전선에서 진보적이고 혁신적인 테크닉과 노하우 전수에 공들이고 있다. 'Front-End Masters League 블렌디드 러닝'(yamoo9.github.io)을 기획/운영하며 온라인 영상 강의를 통해 기본기를 다지게 하고, 오프라인 교육에서는 실전 예제를 실습하는 교육 방법을 도입하는 등 바쁜 현대인을 위한 효율적인 학습에 관심을 기울이고 있다. 저서로는 《만들면서 배우는 HTML5+CSS3+-jQuery》《만들면서 배우는 모던 웹사이트 디자인》《만들면서 배우는 모던 웹사이트 제작》 등이 있다.

참고 자료

웹사이트와 블로그

- **Sass 참고 문서** Sass에 관한 모든 정보가 있는 공식 문서다 (http://bkaprt.com/sass/15/).
- **The Sass Way** 'Sass와 컴퍼스를 이용한 CSS 작성법에 대한 최신 소식과 주제를 다룬다.' Sass 활용방법에 관한 훌륭한 글과 자료(http://bkaprt.com/sass/16/)가 있다.
- **CSS Tricks** 크리스 코이어는 Sass를 광범위하게 다루어왔다. 여기서는 CSS를 직접 작성하는 이들에게 Sass가 얼마나 유용한지에 대해 비슷한 관점을 공유할 수 있다(http://bkaprt.com/sass/17/). 그의 Sass 스타일 가이드(http://bkaprt.com/sass/18/)를 꼭 읽어보기 바란다.
- **Sass 조립하기** 기초부터 고급까지 배울 수 있는 코드 스쿨의 Sass 종합 코스(http://bkaprt.com/sass/19/)다.
- **Sass 시작하기** 데이비드 더머리가 어 리스트 어파트에 기고한 훌륭한 입문자용 글(http://bkaprt.com/sass/20/)이다.
- **Sass의 미래 들여다보기** 데이비드 월시가 Sass 3.3 버전에 새로 추가될 기능을 평가한다. Sass가 어디로 향하는지에 대한 훌륭한 통찰력을 볼 수 있다(http://bkaprt.com/sass/21/).

믹스인 라이브러리

- **컴퍼스** 크리스 엡스타인이 만든 Sass 확장 프레임워크. 여러분이 컴퍼스를 사용하지 않더라도 그 문서는 믹스인 작성에 대한

아이디어의 황금 광산이니 살펴보기 바란다(http://bkaprt.com/sass/22/).
- **버번** '간단하고 가벼운 Sass용 믹스인 라이브러리'라고 홍보하는 버번은 보스턴 동료들의 회사 소트봇을 통해 엄청난 믹스인 자료를 제공한다(http://bkaprt.com/sass/23/).
- **Handy Sass Mixins** 제이크 브레인한의 멋진 Sass 믹스인 컬렉션(http://bkaprt.com/sass/24/)이다.

Sass와 반응형 디자인에 대한 추가 자료

Sass에서의 반응형 웹디자인과 미디어 쿼리에 관한 두 개의 글은 특히 내가 4장(http://bkaprt.com/sass/25/, http://bkaprt.com/sass/26/)을 정성 들여 작성하는 데 도움을 주었다.

- **중단점** Sass 플러그인으로 미디어 쿼리를 좀더 간단히 작성하게 해준다(http://bkaprt.com/sass/27/).
- **수지**Susy 컴퍼스와 Sass의 동반자로 반응형 그리드 시스템을 만드는 데 도움을 준다(http://bkaprt.com/sass/28/).

Sass 도구

- **Sass와 크롬 개발자 도구로 개발하기** Sass로 개발하는 동안 크롬을 가장 잘 활용할 수 있는 방법에 대해 알려주는 튜토리얼이다. 그중 일부 기능은 실험적이지만 Sass가 계속 탄력이 붙으면 이런 종류의 더 많은 기능이 나타날 것임을 예상할 수 있을 것이다(http://bkaprt.com/sass/31/).

다른 CSS 전처리기

이 작은 책에서는 Sass만 다루고 있다. 하지만 Sass가 세상에서 유일한 CSS 전처리기는 아니다. 이 전처리기에서 버그를 발견했다면 (반드시 발견하기 바란다) 그 대안으로 다른 전처리기를 알아보는 것도 좋을 듯하다. Sass와의 차이점도 관심 있게 살펴보면서.

LESS

LESS는 디자이너와 프런트엔드 개발자에게 다소 인기 있는 도구다. 변수, 믹스인, 다른 함수를 지원한다는 점에서 Sass와 매우 비슷하지만 조금 다른 문법이 있다. Sass의 SCSS처럼 LESS도 확장된 CSS다. 이는 기존의 스타일시트와 잘 어울릴 수 있으며 점진적으로 융화될 수 있다는 뜻이다(http://bkaprt.com/sass/32/).

LESS에는 클라이언트 측에서 컴파일할 수 있는 옵션이 있다. 웹 페이지가 로딩될 때 자바스크립트가 브라우저에 제공된 .less 파일을 CSS로 컴파일한다. 파일을 변환하기 위한 명령행이나 앱을 요구하지 않기 때문에 로컬 환경에서 작업하거나 개발할 때 편한 방식이다. 그렇더라도 클라이언트 측에서 컴파일하는 방식을 실무 사이트 제작에 이용하는 것을 권장하지는 않는다.

Sass와 같이 LESS도 LESS 파일을 CSS 파일로 변환시켜주는 서드파티 앱뿐 아니라 명령행 프로그램이 있다.

기능 면에서 Sass와 비교한다면 LESS의 기능이 좀더 적다. 내 관점에서는 Sass의 개발 주기가 조금 더 빠르며 커뮤니티에서도 이 의견을 지지한다. 그리고 기능도 더 견고하다. 하지만 LESS가 지원하는 기능도 중요하다. 그 기능을 이용하여 여러분은 반복된 코드를 줄이고 스타일시트를 더 효율적으로 작성할 수 있다. 어떤 것이든

전처리기를 사용하고 있다면 여러분은 이미 승자다.

크리스 코이어의 훌륭한 글에서 Sass와 LESS를 매우 잘 비교한 내용을 볼 수 있다. 그는 두 도구의 차이점과 장단점(http://bkaprt.com/sass/33/)에 대해 설명해준다.

이런 논쟁은 가끔 종교전쟁으로 번질 수 있다. 중요한 것은 사용하기 편한 도구로 작업하는 것이다. Sass와 LESS 모두 스타일시트를 쉽게 작성하게 하는 데 큰 도움이 될 것이다.

스타일러스

스타일러스는 LESS와 Sass보다 최근에 나왔으며 커다란 기능 세트가 있다. 문법은 Sass의 초기 문법에 좀더 가깝다(선택적 들여쓰기, 괄호나 세미콜론 생략하기). 개인적으로 나의 워크플로를 크게 변경시키지 않는 도구를 좋아하여 스타일러스를 두루 살펴보지는 않았다. 그런데도 스타일러스를 언급한 이유는 이 도구가 여러분에게 맞는다면 사용하기를 바라기 때문이다. 여기서 중요한 것은 여러분의 작업을 좀더 쉽게 해줄 도구를 찾고 이용하는 것이다(http://bkaprt.com/sass/34/).

참고 URL

본문에 나오는 단축 URL을 순서대로 정리했다. 각 단축 URL은 다음 목록을 통해 확인할 수 있다.

1장   왜 SASS인가?

1   http://pragprog.com/the-pragmatic-programmer

2   http://c2.com/cgi/wiki?DontRepeatYourself

3   http://www.w3.org/People/Bos/DesignGuide/maintainability. html

4   http://sass-lang.com/about.html

2장   SASS 워크플로

5   http://rubyinstaller.org

6   http://mhs.github.com/scout-app/

7   http://incident57.com/codekit

8   http://livereload.com

3장   SASS 사용하기

11   http://www.w3.org/TR/css-variables/

12   http://compass-style.org

13   http://bourbon.io/

4장   SASS와 미디어 쿼리

14   https://github.com/scottjehl/picturefill

참고 자료

15 http://sass-lang.com/docs/yardoc/file.SASS_REFERENCE.html
16 http://thesassway.com
17 http://css-tricks.com/search-results/?q=sass
18 http://css-tricks.com/sass-style-guide/
19 http://www.codeschool.com/courses/assembling-sass
20 http://alistapart.com/article/getting-started-with-sass
21 http://davidwalsh.name/future-sass
22 http://compass-style.org/reference/compass/
23 http://bourbon.io
24 http://web-design-weekly.com/2013/05/12/handy-sass-mixins/
25 http://thesassway.com/intermediate/responsive-web-design-in- sass-using-media-queries-in-sass-32
26 http://css-tricks.com/media-queries-sass-3-2-and-codekit/
27 https://github.com/Team-Sass/breakpoint
28 http://susy.oddbird.net
31 http://net.tutsplus.com/tutorials/html-css-techniques/developing- with-sass-and-chrome-devtools/
32 http://lesscss.org
33 http://css-tricks.com/sass-vs-less/
34 http://learnboost.github.io/stylus/

찾아보기

CSS 규칙 중첩 **42**
CSS 전처리기 **11, 17**
    LESS **33, 117**
    Sass **17**
    스타일러스(Stylus) **33, 118**
DRY 원칙 **16**
float 속성 **14**
gem **26**
Haml **33**
Sass 문법 **19, 21**
Sass 설치하기
    맥에서 Sass 설치하기 **25**
    윈도우에서 Sass 설치하기 **27**
SASS 엘리베이터 피치 **12**
SCSS('Sassy CSS') 문법 **19, 20**

ㄱ

고급 선택자 **15**

ㄴ

네임스페이스 속성 중첩 **45**

ㄷ

데스크톱 애플리케이션 **30**
    라이브리로드 **33**
    스카우트 **30**
    컴퍼스.앱 **35**
    코드키트 **32**

드리블(Dribbble) **101**
들여쓰기 **21**

ㄹ

레티나 **100**
    레티나 디스플레이 **102**
    레티나 이미지 **101**
    레티나 화면 **100**
루비(Ruby) **21**
루비 언어 **25**
루비온레일스 **35**
루비인스톨러 **27**

ㅁ

메뉴바 애플리케이션 **35**
메타언어 **18**
명령행 **22**
미디어 쿼리 **87**
    미디어 쿼리 중첩 **88**
믹스인(mixin) **18, 56**
    @include **57**
    @mixin **57**
    @content **94**
    border-radius 믹스인 **65**
    box-shadow 믹스인 **66**
    CSS3 그레이디언트 **67**
    retinize 믹스인 **103**
    기본값 정의 **62**

다중 인자 60
믹스인 안의 믹스인 108
믹스인 인자 59
믹스인 라이브러리 72
  @extend 79
  @import 72
  다중 @extend 82
  버번(Bourbon) 78
  컴퍼스 76

ㅂ

보스, 버트(Bert Bos) 17
변수 51
  CSS 변수 모듈 레벨 1(CSS Variables Module Level 1) 55
볼턴, 지나(Jina Bolton) 52

ㅅ

상위집합 19
선형적 문서 15
소트봇(thoughtbot) 78
스타일 가이드 52
실용주의 프로그래머 16

ㅇ

알파 버전 26
엡스타인, 크리스(Chris Eppstein) 76
웹 프레임워크 18

ㅈ

젤, 스콧(Scott Jehl) 100
주석 50
중단점(breakpoint) 90

ㅊ

추상화(abstraction) 6
출력 스타일 35
  기본 스타일 36
  압축(compressed) 38
  중첩(nested) 36
  축약(compact) 38
  확장(expanded) 37

ㅋ

캐스케이드 14
커피스크립트 33
컬러 기능 54

ㅌ

터미널(Terminal.app) 26
토머스, 데이비드(David Thomas) 16

ㅍ

파이선(Python) 21
파일 변환 28
파일 정리 29
  watch 명령어 29

플래그 **37**

플레이스홀더 **46**

   & **46**

   부모 선택자 참조 **46**

픽처필(Picturefill) **100**

ㅎ

헌트, 앤드루(Andrew Hunt) **16**

헥스 코드 **54**

어 북 어파트 소개

웹디자인은 다방면의 폭넓은 지식과 고도의 집중력이 필요한 작업이다. '어 북 어파트 A Book Apart' 시리즈는 웹사이트 제작자를 위한 것으로, 웹디자인과 관련된 최신 이슈와 필수적인 주제를 멋스럽고 명료하게, 무엇보다 간결하게 다루고 있다. 디자이너와 개발자는 낭비할 시간이 없기 때문이다.

또한 웹사이트 제작의 까다로운 문제를 좀더 쉽게 이해할 수 있도록 실마리를 제공하여 궁금증을 해결해주고 실제 작업에 활용할 수 있도록 최선을 다하고 있다. 웹 전문가에게 필요한 도구를 제공하고자 하는 우리의 의지를 성원해주시는 데 감사의 말을 전한다.